1349

ESQUISSE HISTORIQUE

DE LA

MUSIQUE ARABE

AUX TEMPS ANCIENS

AVEC

DESSINS D'INSTRUMENTS

ET

QUARANTE MÉLODIES NOTÉES ET HARMONISÉES

PAR

ALEXANDRE CHRISTIANOWITSCH.

COLOGNE.

LIBRAIRIE DE M. DUMONT-SCHAUBERG.

1863.

IMPRIMERIE DE M. DuMont-Schauberg. — Cologne.

MUSIQUE ARABE.

I.

Afin que personne, en commençant la lecture de cette esquisse, ne s'attende à y trouver plus qu'elle ne contient, je me crois obligé de prévenir les lecteurs qu'en traitant de la musique Arabe, je ne veux nullement parler de son arithmétique, chacun ayant pour cela l'admirable ouvrage de Villoteaux, auquel, certes, il est difficile de pouvoir ajouter quelque chose.

Ce n'est donc ni des Tabagah (gammes), ni des Mer (tétracordes), Abaâd (intervalles), Intigâlat (degré) et Bordât (tons), qu'il sera question dans mon travail, mais c'est de l'histoire de cet art que je veux dire quelques mots. En reproduisant des extraits du fameux *Kitab-el-Aghani*, le romancero du peuple arabe, je veux rappeler à tous ceux à qui est cher cet art incomparable, le magnifique rôle que la musique jouait autrefois en Arabie. Je désire rappeler sa magnificence passée, pour faire voir plus clairement, plus fortement encore sa misère d'aujourd'hui et sa désespérante pauvreté. Oui, je veux parler de son brillant passé en relevant autant qu'il m'est possible un pan du voile de l'oubli qui le couvre. Je le fais avec cette pleine conviction que, pour tout homme, qui aime véritablement la musique, qui l'aime comme on aime sa bien-aimée, le souvenir de ses oeuvres, ses traces mêmes, si peu visibles qu'elles soient, lui sont chères et suffisent pour lui donner des rêveries sans fin. C'est cette conviction profonde qui, à mon arrivée en Algérie, il y a deux ans, m'a poussé à la recherche de ces traces précieuses, mais malheureusement si difficiles à découvrir. J'étais sûr que, malgré les ravages du temps qui ronge et efface tout, malgré le joug des Turcs, qui mène à l'abrutissement, tandis que l'art demande la liberté, je réussirais en exhumant à travers les siècles le souvenir de cet art, toujours assez puissant pour faire soupçonner au moins sa beauté d'autrefois, à en donner une idée suffisante pour le faire estimer. Car, à l'apogée de sa grandeur, l'antique Arabie aimait sincèrement la musique; et elle savait l'aimer, car pour la développer et la répandre, elle ne ménageait ni l'or, ni le travail. Qu'on se rappelle tout ce que faisaient les califes et les grands de l'Arabie pour cet art enchanteur; et l'on comprendra qu'on ne peut faire tout cela que pour une idée adorée. Animé par ces réflexions, je me suis mis à la recherche des débris de cette grande musique déchue, et voici ce que j'ai fait.

Ayant appris qu'il existe à Alger des cafés chantants arabes où, chaque soir, se réunissent les Arabes et les Maures pour prendre le café, pendant que deux ou trois juifs, munis, l'un du Rebêb, l'autre de la Kemângeh et le troisième du Târ ou du Derbouka, jouent des airs nationaux, je me rendis un soir dans l'un de ces cafés, rue Citati (1).

Après avoir écouté longuement et attentivement cette musique, qui n'était que trilles, gammes et toutes sortes de fioritures sans fin, je quittai le café, fort mécontent et de bien mauvaise humeur, en me faisant cette triste demande: Est-ce bien là le reste de cette musique orientale, si grande autrefois? Est-ce vraiment l'ombre de cette même musique qui, d'après les historiens arabes, faisait pleurer ou bien rendait joyeux, selon la mélodie? Voilà ce que je me demandais chaque fois que j'y revenai, m'efforçant toujours de saisir la mélodie que je ne parvenais jamais à découvrir, tant elle était entortillée de toute sorte de sons inutiles et fatigants. Je savais bien que la musique arabe, formée des débris de la musique grecque pendant sa décadence, ne pouvait être simple, vu que cette dernière était tellement remplie d'ornements, tellement surchargée de circulations et de parures inutiles, que les Grecs de ce temps, comme Ptolémée lui-même, s'en plaignirent plus d'une fois. Je savais bien que l'amour des Arabes pour le style ampoulé, pour ce langage fleuri, pour cette élocution remplie de métaphores, d'exclamations et de toutes sortes d'effets, devait nécessairement avoir affecté leur mélodie, et j'étais loin de m'attendre à y trouver la simplicité; mais jamais je n'aurais cru la rencontrer *embellie* (au point de vue arabe) et déguisée au point de ne pouvoir plus l'entrevoir, ni la débarrasser de ses vains oripeaux. Cependant, malgré ces difficultés, j'ai continué de visiter ces cafés afin de choisir parmi les musiciens qui y exercent, quelqu'un qui pût me servir d'interprète; mais n'y trouvant pas ce que je cherchais, je me suis adressé à un Arabe que je connaissais, lui demandant s'il ne pourrait pas me mettre en rapport avec un musicien indigène, exercé dans cet art. — "Oh, me répondit-il, il y a bien le vieux Amed-ben-Hadj-Brahim, qui est un grand maître. Lui, qui était le musicien favori de Hussen Pacha (2), connaît bien toutes les vieilles chansons, et il n'y a personne qui soit plus fort que lui!" — Je le priai donc de me conduire chez ce fameux maëstro. — "Non, me répondit-il, je ne puis le faire, car je ne le connais pas assez; mais je suis bien lié avec Hamoud-ben-Mustapha, qui tient toutes les chansons de Sid-Amed-ben-Hadj-Brahim, et, pour celui-là, si tu le veux, je te l'amènerai." — Content d'avoir trouvé le dépositaire des mélodies de ce grand maître inabordable, je recommandai à mon Arabe de m'amener le plus tôt possible Hamoud-ben-Mustapha.

Le lendemain de cet entretien, dans l'après-midi, on frappe à ma porte. C'était mon Arabe, accompagné de l'individu tant désiré.

Qu'il me soit permis de dire quelques mots sur ce Maure intelligent, musicien amateur, grâce à qui je possède ces mélodies, qui toutes détériorées par le temps et mutilées

---

(1) Autrefois, au dire des vieux habitants d'Alger, des danseuses du pays se montraient dans ces cafés maures. C'est là encore qu'on entendait l'orchestre nasillard, dirigé par Hamed-ben-Hamarra, et qu'on voyait les *Garagous* (tableaux vivants scandaleux, qu'on montrait à travers du papier huilé).

(2) Hussen Pacha fut le dernier Dey d'Alger.

par la tradition, ont su, cependant jusqu'à ce jour, conserver ce cachet particulier, cette mélodie rêveuse, qui fait le charme de la musique orientale.

Hamoud-ben-Mustapha, fils d'un passementier de la ville d'Alger, a fait son éducation, comme la font ordinairement les enfants des riches familles arabes, qu'on envoie à l'école, à l'âge d'environ dix ans, pour y apprendre à lire et à écrire. Ils étudient le Koran, les cérémonies religieuses et un peu d'arithmétique. Pour les sciences et les arts, il n'en est pas question, quoique, à une certaine époque, les Arabes fussent presque le seul peuple appliqué avec succès à de telles études (1).

Hamoud ayant fini ses études, apprit le métier de son père. Docile à la volonté de ce vieillard, il travaillait, mais il le faisait avec dégoût. Il passait la plus grande partie de son temps avec sa Kuitra, chantant les vieilles chansons que lui avaient apprises son père et l'ami de ce dernier, le vénérable Hadj-Brahim, dont je parlerai plus tard. Hamoud, garçon de beaucoup d'intelligence, retenait les mélodies et copiait le texte de tous les airs qu'il entendait. Négligeant de plus en plus le travail que lui donnait son père, il finit par l'abandonner complètement pour s'attacher à la musique. Il passait avec sa mandole des nuits entières, *travaillant* des Nouba et des Arbi. Il est vrai que la nuit, en Afrique, est une nuit incomparable: Elle est si douce, si parfumée, si tendre cette nuit algérienne! Elle est remplie de tant de charmes indéfinissables, de ces charmes qui pénètrent l'homme, le ravissent de leurs beautés, remuent l'âme et parlent au cœur!

C'est dans une de ces nuits que ce musicien comprit, avec toute la force de son âme poétique, le sublime langage de ce spectacle silencieux! Son cœur aimant demandait un autre cœur. Et il le cherchait.... mais où le trouver?

Cette question *"où le trouver?"* paraîtra bien étrange à celui qui se rappelle encore ces charmantes Djimila (jolie) et Houbbaba (chérie) d'autrefois: ces créatures pleines de grâce, de talent et d'esprit, cette délicieuse Boûrân, dont la beauté, l'esprit et l'érudition enchantèrent si fort le grand Kalife Mamoun, homme vraiment éclairé et remarquable par son instruction et son amour pour les sciences et les arts, qu'après une soirée passée avec cette magnifique beauté (Boûrân avait alors dix-huit ans), Mamoun se sentit tellement épris de cette femme incomparable que, le lendemain même de cette soirée délicieuse, il la demanda en mariage, et Boûrân épousa ce grand homme dont, pendant toute sa vie, elle eut toujours les préférences. C'est de cette femme exceptionelle, que le fameux musicien Isaac dit: "Jamais, je le jure, je n'ai vu de femme comparable à Boûrân, en intelligence, en esprit, en érudition, en éducation, et je ne connais personne au monde qui ait pénétré dans les profondeurs du savoir humain aussi loin que Boûrân (2)! — Cette triste question paraîtra absurde et impossible à celui qui n'a pas encore oublié, qu'en Arabie, c'est la femme qui était le plus grand philosophe et poète, que c'est elle qui y représentait la sagesse. En

---

(1) C'est d'Haroun-el-Rachid que Charlemagne reçut en présent une horloge que l'eau faisait mouvoir. La division des heures était marquée par douze portes qui composaient le cadran. Chaque porte s'ouvrait, à son heure, et laissait tomber successivement sur un timbre le nombre de boules que devait frapper l'heure. A la douzième heure, douze petits chevaliers sortaient ensemble, faisaient le tour du cadran et renfermaient leur porte.

(2) Femmes Arabes. Par le docteur Perron, pag. 598.

effet, les Sohr, Amrah, Djoumah et Hind, ces quatre femmes célèbres, étaient, pour l'Arabie, ce qu'étaient les sept sages, pour la Grèce! Il en était ainsi autrefois, mais hélas! aujourd'hui, tout cela n'est plus! Le peuple arabe n'a plus de femme! La femme arabe n'existe plus! Tous ces fantômes (1), qu'on rencontre dans les rues et les jardins, ne sont que des créatures qui ne connaissent que la vie matérielle. Aux yeux de l'homme arabe, la femme d'aujourd'hui n'a quelque valeur qu'autant qu'elle est mère de plusieurs enfants, et encore n'est elle considérée que lorsque ces enfants sont des garçons. Je ne crains pas de dire que l'Arabe a plus d'égard pour son cheval que pour sa femme, qu'il traite comme une esclave. N'ayant aucune estime pour elle, il la maltraite, il l'humilie à tout instant, et ne lui épargne pas même les coups, s'appuyant sur la loi de son prophète, qui dit: "Les femmes vertueuses sont obéissantes et soumises. Vous corrigerez celles dont vous aurez à craindre la désobéissance: Vous les battrez." (Saurates, les femmes, v. 38). En contradiction même avec son égoïsme, l'Arabe ne se donne pas la peine de ménager sa femme, car n'ayant aucun attachement pour elle, il la traite en marchandise qu'il peut toujours acheter, et dont il a toujours le temps de se débarrasser, le divorce ne coûtant qu'une douzaine de francs chez le Kady (2) qui ne les refuse jamais!

Voilà la position de ces malheureuses créatures, jadis si grandes et si puissantes! Et c'est parmi ces femmes dégénérées, ne se reveillant de leur assoupissement que pour la vie animale, c'est parmi ces misérables, que le musicien poëte cherchait un être qui pût le comprendre et sympatiser avec ses élans poëtiques. Certes, trouver ce qu'il cherchait était chose impossible. Hamoud prit donc son plaisir où il le trouva: S'entourant de ces femmes licencieuses qui, grâce au divorce si facile et à la corruption des moeurs, ne manquent pas à Alger, Hamoud passait des nuits entières, chantant avec elles et jouant de la Kuitra.

Enivré de cognac et d'anisette, notre poëte enthousiaste oubliait alors la réalité: Les yeux coheleux (3) de la mauresque lui paraissaient briller d'un noir incomparable; dans ces éclairs il découvrait du sentiment, de l'énergie, de la pensée même, et heureux ainsi, il recevait ces caresses trompeuses pour des élans du coeur! C'est ainsi que vécut, pendant un certain temps, le malheureux Hamoud-ben-Mustapha. Mais fatigué de cette vie débauchée et dissolue, il abandonna complètement cette société qui vidait sa bourse et ruinait sa santé; et il se fit une vie isolée avec Sohr, jeune fille mauresque, qui s'attacha à lui sincèrement.

C'est au commencement de sa retraite que je fis la connaissance de ce musicien. Après quelques phrases de politesse échangées avec lui, je lui ai demandé s'il voulait me donner quelques notions sur la vieille musique arabe qui m'intéressait tant. "Je le veux bien, me dit-il, mais cela est bien difficile, la vieille chanson n'est pas ce que tu entends chanter dans les rues. Chaque gamin connaît les Kadria, mais il en est tout autrement de la vieille chanson. Pour la connaître, il faut l'étudier." Et quand il apprit que j'étais allé

---

(1) Un voile blanc couvrant soigneusement la figure de la femme arabe s'unit avec le large pantalon, également blanc, et forme ainsi une figure mystérieuse qui a tout l'air d'un fantôme.

(2) Kady, juge arabe.

(3) Cohël est une poudre, que les femmes mauresques ou arabes mettent sur une petite tige de bois ou de métal, qu'elles se passent entre les deux paupières afin de donner plus d'éclat à leurs yeux noirs.

puiser la mélodie aux cafés chantants, il sourit avec dédain, et me répondit d'un ton plein de mépris: "Aux cafés, tu n'entendras jamais la vieille chanson: C'est le juif qui y chante!" Mais pourquoi le juif ne connaîtrait-il pas la vieille chanson, lui, qui est né parmi vous? "Le juif, m'a-t-il répliqué, eh! qui la lui donnera? Non, le juif ne la saura jamais." Et puis, s'échauffant visiblement, il continua: "Eh bien, sais-tu que le juif qui chante au café de la Casbah est venu dix fois pour me demander l'Insiraf Mendjenneba? et jamais je n'ai voulu le lui chanter."

Ce n'est pas la haine pour les juifs qui m'a étonné dans ce récit chaleureux, car cette haine n'a pas de bornes (1). Et puis, comment s'étonner du mépris pour ce peuple malheureux, de la part d'un sectateur de Mahomet, quand malheureusement, ce mépris existe même chez les nations civilisées? cette haine honteuse se rencontre chez des personnes soi-disant éclairées qui ne rougissent pas de remplacer les abominables mots de vaurien et lâche par celui de juif. Ce n'est donc pas, je le répète, cette haine qui m'a étonné dans le récit de cet homme impressionnable, mais bien sa profonde estime pour la vieille chanson, et sa crainte de la profaner. J'admirais en lui cet amour, cette vénération qu'il poussait même jusqu'à l'excès! Voilà ce qui m'a plu dans mon musicien, pour lequel depuis lors j'ai conçu une sympathie que mérite bien cet homme intelligent et plein de poésie!

Après un entretien assez long que j'ai eu avec lui et pendant lequel il m'a dépeint, en traits de flamme, toute la beauté et toutes les difficultés que présente la vieille chanson arabe, il m'en a chanté quelques-unes. La différence que j'ai reconnue entre la chanson que m'a fait entendre mon nouvel ami et celles que j'avais entendues aux cafés, était bien grande. Toutes les deux étaient surchargées de trilles, roulades et fioritures; mais l'une s'en servait par nécessité; elle les supportait, parce qu'on les lui imposait, quoique toujours prête à s'en débarrasser, dans le sentiment de sa force et de sa puissance. La seconde, au contraire, serait défigurée, et disparaîtrait complètement sans ces roulades et fioritures qui en font l'essence. Plus je les comparais et plus j'étais convaincu que dans la nouvelle chanson arabe le manque de mélodie se couvre par ces roulades, gammes, trilles et toutes ces broderies qui ne servent qu'à fatiguer l'oreille. Tous ces éléments nuisibles à la mélodie vivent dans cette dernière et en jouent le rôle. La nouvelle chanson est comme une mendiante couverte de haillons, et qui cherche à les dissimuler sous de fausses parures. Dépouillez-la de ces vêtements et regardez la telle qu'elle est, qu'y verrez-vous? Rien, absolument rien que le vide.

Mais poursuivons le récit. Après avoir écouté les quelques airs, que Hamoud m'a chantés, j'essayai de noter l'un des plus caractéristiques. La difficulté que je rencontrai dans cette notation, est indescriptible. Le rhythme tout particulier de la musique orientale, me déroutait et les fioritures (quoique comparativement assez modérées), m'embarrassaient et

---

(1) Tout le monde sait que, l'année 1830, cette haine pour les juifs prit un caractère si furieux qu'elle poussa les Arabes et les Maures jusqu'à former un complot pour détruire entièrement la race juive en Algérie, et que ce complot était si décidé que toutes les familles juives, abandonnant leurs affaires et leurs propriétés, se sauvèrent sur la montagne de la Boudzaréah, qui s'élève à l'ouest d'Alger. Le sort voulut que, la veille de ce massacre, la flotte française se montrât à l'horizon. Cette apparition força les Musulmans de renoncer à leur plan monstrueux, et les juifs, protégés par la force française, reprirent, sans crainte, leur position sociale à Alger.

m'empêchaient de saisir la mélodie, à tel point qu'après avoir fait répéter à mon musicien, une dizaine de fois de suite la même chanson, je me suis vu aussi peu avancé qu'à la première. Alors je pris le parti de prier mon patient interprète de me chanter l'air, phrase après phrase, en s'abstenant autant que possible des ornements qui m'embrouillaient. Grâce à ce moyen, je parvins enfin à noter la première chanson, qui m'a coûté tant de peine. Dès ce moment mon travail fut plus facile. Hamoud revenait chez moi, chaque jour, apportant le cahier où il avait copié le texte de tous ses airs favoris, et, puisant dans cette source, il me remettait les mélodies qui me plaisaient le plus, se donnant toutes les peines du monde pour me les chanter le plus simplement possible, ce qui est d'une difficulté inouie pour un musicien oriental, qui n'aime pas, ou plutôt, qui ne comprend pas la simplicité. — J'avais déjà noté une quinzaine de mélodies, quand, un soir, en me promenant, je rencontrai mon ami qui m'engagea à aller entendre un fameux musicien juif, qui, me disait-il, jouait très bien du qânon. Cette proposition acceptée, j'allai entendre le grand artiste. Arrivé dans une petite maison mauresque, toute remplie d'amateurs, qui entouraient le qânoniste, Hamoud me dit: "Écoute bien, je vais lui faire jouer les airs que tu as notés." En effet, j'entendis les chants que je connaissais déjà, mais qui, malgré cela, me paraissaient parfois tout-à-fait inconnus, tant l'abondance d'ornements étouffait la mélodie. — "Il joue bien, me dit mon ami, mais il ne joue que les Arbi, les Insiraf, et les chansons de la rue, et il ne connaît pas, il ne peut pas *faire la Nouba*" (1), ajouta-t-il, en levant son doigt d'un geste significatif. — Et qu'est-ce que la Nouba? lui demandai-je. — "La Nouba! me répondit-il, d'un ton qui voulait dire: Malheureux! tu ne connais pas la Nouba? Oh! c'est la plus grande musique qu'il y ait au monde!" — Et pourquoi, alors, ne m'en as-tu pas parlé? — "Parce que c'est trop difficile! tu ne pourrais pas la jouer! Oh! c'est trop difficile, les Nouba!" continuait de dire Hamoud, s'animant de plus en plus, et me fixant d'un regard passionné. Puis, me prenant par la main, il ajouta: "En Algerie, il n'y a que trois individus: Hadj-Brahim, Sid-Ahmed-ben-Seliem et Mohamed-el-Menemmech, qui peuvent *faire des Nouba*. Excepté ces trois vieillards, personne, personne ne connaît les Nouba!"

En l'entendant parler de ce nouveau genre de musique, ma curiosité s'enflammait de plus en plus et c'est avec une impatience toute particulière, que j'attendais son arrivée le lendemain. Inutile de dire que le premier mot, que j'adressai à mon ami, en lui serrant la main, fut: Eh bien, la Nouba? — Là-dessus, mon musicien se met à me parler longuement de la beauté de cette musique, disant, entre autres choses, que la Nouba étant, pour les Arabes, ce qu'est l'opéra pour nous (2); il est impossible qu'elle soit connue du peuple; et puis, corroborant toutes ces explications par son éternelle exclamation: *c'est trop difficile!* il n'en finissait plus avec ses éloges.

De crainte d'ennuyer les lecteurs, en leur rapportant toutes les explications fatigantes et parfois incompréhensibles de mon musicien exalté, je tâcherai de résumer en quelques mots les renseignements que j'ai puisés dans mes longs entretiens avec Hamoud-ben-Mustapha

(1) Expression propre du Maure Hamoud.
(2) Qu'on ne s'étonne pas d'entendre, un Arabe, parler de l'opéra européen. La ville d'Alger, ayant un opéra français, les arabes amateurs de musique y vont passer leurs soirées.

et les vieillards arabes et maures, qui comprennent leur musique. D'après ces renseignements, voici ce que j'ai appris:

Il paraît qu'autrefois, dans des temps bien reculés, il existait, chez les Arabes, un certain genre de musique, soi-disant classique, appelé Nouba, genre qui, par sa construction, approche de la symphonie européenne. Nouba, mot qui signifie *événement* ou *tour de rôle* et aussi, corps de musique, est composée de cinq parties qui sont:

1. *Mosadder*, qui veut dire *chef de musique* et *grave et lent*,
2. *Bétaïhh*, *endroit enfoncé* et *basse*,
3. *Derdj*, *degrés* et *animé*,
4. *Insiraf*, *départ* et *allégretto*,
5. *Khélas*, *final* et *allégro*.

Dans la plupart de ces parties, se trouve indifféremment avant ou après, une autre partie, appelée *Mathla (action de monter)*.

D'après les musiciens arabes, il y avait autrefois quatorze Nouba qui formaient la base de la grande musique orientale. Ces quatorze Nouba servaient de modèles d'après lesquels les musiciens tâchaient de faire d'autres Nouba, en suivant, toute fois, la formule de l'une de ces quatorze. Reproduisant les sept Nouba que je possède, grâce à l'étonnante mémoire de Hamoud-ben-Mustapha, je ne puis donner que les noms des sept autres, dont la mélodie s'est presque entièrement perdue ou effacée de la mémoire des musiciens arabes (1). Il serait, cependant, possible de noter par fragments, les mélodies des cinq premières Nouba: quant aux deux dernières, elles ne sont connues que de nom:

8. Nouba Dil. 9. Roust et Dil. 10. Roust. 11. Ramel el Maïa. 12. Mizmoum. 13. Ërak. 14. Rhaouï.

A ce que me dit Hassan-ben-Hammed (2), autrefois le nombre des parties de chaque Nouba était différent et consultant un vieux manuscrit d'après lequel il a rédigé le texte de mes sept Nouba, il me transmit la table suivante des parties intégrantes des douze Nouba:

NOUBA.	Mosadder.	Bétaïhh.	Derdj.	Insiraf.	Khélas.	NOUBA.	Mosadder.	Bétaïhh.	Derdj.	Insiraf.	Khélas.
Hosein.........	8	17	21	10	2	Ramel el Maïa.....	7	11	9	8	1
Ghrib..........	7	14	10	13	1	Mizmoum.........	1	2	7	13	1
Medjenneba......	3	3	6	7	1	Roust............	3	4	3	2	1
Sika...........	16	7	4	10	1	Roust et Dil......	9	5	10	11	1
Zeidau.........	9	6	9	12	3	Dil..............	8	18	16	21	1
Raml..........	6	8	5	16	1	Ërak............	—	—	—	—	—
Maïa...........	20	18	18	25	1	Rhaouï..........	—	—	—	—	—

En ce qui concerne l'origine de la Nouba, il est difficile d'en dire quelque chose de positif. Il existe, à ce sujet, deux opinions, qui n'ont rien de commun entre elles: l'une

---

(1) Musicien que j'ai connu à Alger.
(2) Employé à la Bibliothèque publique d'Alger pour les manuscrits arabes.

prétend que la Nouba est une chanson turcque, et, d'après l'autre, ce genre de musique fut apporté, en Algerie, par les Maures d'Espagne.

La première de ces opinions s'est probablement formée par suite de l'identité entre les noms de deux genres de musique, qui cependant sont bien différents l'un de l'autre! La Nouba arabe ne parle que d'amour, et, par conséquent, elle ne chante que la vie éternelle; tandis que la Nouba turcque est une musique de guerre, — c'est le cri de mort!

Pour jouer la Nouba arabe, les musiciens employaient (1) les instruments les plus chantants; aussi le Khélas de la Nouba Medjenneba (cinquième partie de cette Nouba) dit: "Le tambourin, le Luth, le Bébâb, Chebâb, et la Guitare, nous tiendront compagnie, &c....." De ces cinq instruments, le tambourin seul s'emploie dans la musique guerrière, les autres, jamais. Bien au contraire, la Nouba turcque ne se joue (2) qu'avec des instruments bruyants, savoir le Ghaïta (3), Tobel et Tobîlets (4).

La première des opinions concernant, l'origine de la Nouba étant tout-à-fait mal fondée, je passe à la seconde: La Nouba, dit on, fut apportée, en Algerie, par les Maures d'Espagne. Cette opinion qui ferait supposer, que ce genre de musique est emprunté aux Espagnols, est inadmissible; car cette nation, sous le règne des Maures, se trouvait dans un état complètement sauvage. Une telle opinion peut donc tout au plus nous aider à supposer que ce genre de musique était connu chez les Arabes dans les temps les plus reculés. L'invasion ayant eu lieu l'an 92 de l'hégire, 710—711 de J. C. La Nouba y passa donc par la montagne de Tarec (5).

Mais, dira-t-on, pourquoi s'enfoncer aussi loin, et ne pas admettre que la Nouba ait pris naissance en Espagne, pendant le règne des Maures? Certes, je n'oserais jamais assurer le contraire, mais, je me permets de faire une seule observation: La Nouba, née en Espagne, passa en Algerie avec les Maures. Mais comment a-t-elle fait, pour être connue en Syrie et dans la province de Hedjaz, berceau de la musique arabe, où, d'après Burkhard, la musique a complètement dépéri. Eh! bien, malgré ce dépérissement, le Syrien, Géorges Béhnan, m'apprend que ce genre de musique y est connu par les vieux musiciens locaux, et de plus il me dit que la Nouba s'y exécute par cinq individus, dont chacun chante une partie. Cette musique étant connue dans ces pays éloignés de l'Afrique, ne devait-elle pas être née dans le cœur de l'Arabie, et de sa patrie, être emportée en Espagne? D'autant plus que les musiciens arabes de ces contrées, et ceux de l'Algerie, s'accordent tous à dire, que la Nouba est si vieille qu'elle n'a plus d'âge! Je m'attache donc à l'opinion de Hamoud-ben-Mustapha, Hadj-Brahim et à celles de leurs amis, qui soutiennent l'antiquité de la Nouba arabe, et je dis: La Nouba arabe est la grande musique antique de l'Orient; c'est la musique des savants artistes de l'Arabie, la Nouba arabe est la symphonie orientale!

(1) J'emploie le Passé, car aujourd'hui on n'entend plus la Nouba arabe.
(2) Je mets le Présent, car les Nouba turcques se jouent encore actuellement, dans les cérémonies réligieuses.
(3) Sorte de basson qui a un son aigu, à faire mal aux oreilles.
(4) Grands tambours des nègres.
(5) C'est ainsi que les Arabes appellent le détroit de Gibraltar.

II.

En parlant de la vieille musique arabe, il serait peut-être à propos de rappeler, ici, la vie de ceux qui l'ont cultivée. Mais avant de tracer ces notices biographiques, je me crois en juste lieu de dire quelques mots sur la position actuelle de cet art chez les Arabes. Son état actuel, je l'ai dit, est tout-à-fait déplorable. Par suite de l'oubli de leur ancienne musique, les Arabes d'aujourd'hui ne connaissent que les Nouba guerrières, musique effrénée, dont je me sens trop faible à décrire l'accent infernal. Viennent ensuite les Insiraf défigurés (cinquième partie de la Nouba), les Kadria, Haousi, Arbi &c..... chansons d'un caractère plus modéré, souvent même modéré au point d'entraîner au sommeil, par l'excessive monotonie qu'augmente la voix nasillarde des chanteurs arabes. Pour donner une idée des chansons pratiquées aujourd'hui, je crois suffisant de noter quatre chansons modernes (1).

En voyant la malheureuse position, dans laquelle se trouve aujourd'hui la musique chez le peuple arabe, on se fait involontairement la question: "Mais, pourquoi l'art a-t-il fait une chûte aussi terrible? Et s'il l'a faite, n'est-ce pas une preuve, que les Arabes n'ont pas de disposition innée pour la musique?" La cause profonde de cette chûte incroyable, il faut la chercher dans la loi qui gouverne ce peuple.

Il paraît que Mahomet ne proscrivit pas lui-même la musique; c'est ce qu'assurent les Marabouts (2), et c'est un fait confirmé par le récit que voici:

Hassan-ben-Thabit, poëte de Mahomet, avait une esclave chanteuse. Le prophète passant, un jour, près de sa tente, l'entendit chanter et s'arrêta. Alors, la chanteuse, s'adressant à lui, lui dit: "Serait-ce pour moi un crime de me distraire à chanter?..." "Non, certes," répondit le prophète, en souriant avec bienveillance!

---

(1) La nouvelle chanson n'est intéressante qu'au point de vue du rhythme, qui lui donne un caractère tout particulier. Je recommande à celui qui voudrait avoir une idée bien juste de ce rhythme vraiment original, le "Dani Dan", charmant quadrille arabe, composé de cinq airs, les plus populaires parmi les Arabes d'aujourd'hui, et arrangé par l'excellent musicien Louis Luce, directeur de l'École de chant d'Alger. En le lisant attentivement, on y remarque distinctement le rôle qu'y joue le Derbouka, instrument qui ne sert qu'à marquer le rhythme.

(2) Marabout, prêtre musulman.

Quoique Mahomet ne défendit pas la musique, cependant l'esprit de sa loi, esprit tout matériel, ne tendant qu'à développer dans son peuple l'amour de la guerre, n'encourage point la culture des arts, ni des sciences, qui ne progressent qu'avec la paix. En poursuivant la marche du développement de la musique chez les Arabes, on voit clairement, qu'elle se ralentissait précisément dans le temps que ce peuple suivait le plus rigoureusement les lois sévères de son prophète. Ainsi, sous le règne des quatre premiers Califes (tous parents de Mahomet), qui suivaient strictement les ordonnances de leur saint parent, la musique, envisagée comme plaisir nuisible et démoralisateur, tomba complètement. Elle ne commença à se relever qu'avec l'avénement de la nouvelle et puissante dynastie des Omeïades. C'est sous leur second Calife que cet art renaquit, mais ce renouvellement s'opéra bien lentement, par la timidité des premiers Omeïades, qui n'osaient pas approuver publiquement la culture de la musique, quoique entourés eux-mêmes de chanteurs et de chanteuses (1). Or, c'est seulement sous les derniers Omeïades et les premiers des Abassides, que la musique régna dans toute sa force. Elle était alors à l'apogée de sa gloire, tandisque le Koran se mourait sous la philosophie, le peuple arabe étant alors gouverné par des hommes vraiment éclairés (2). C'est donc à cet esprit exclusivement matériel du Koran, qu'on doit attribuer la chûte de la musique en Arabie, et nullement au peu de goût de ce peuple pour cette partie des beaux arts. A la simple vue de plusieurs musiciens arabes jouant ensemble (3), on arrive à la conviction que l'Arabe a tous les instincts musicaux. Ainsi, sans connaissance des notes (4), les musiciens jouent des heures entières un air après l'autre, sans cependant se tromper. Avec cette étonnante mémoire musicale, les Arabes possèdent en outre le sentiment de la mesure. L'oreille les guide si bien qu'un instrument ne devance jamais l'autre; l'ensemble qui règne dans leur jeu est tout-à-fait remarquable et prouve assurément leur capacité naturelle pour la musique.

(1) Page 13 le Calife El-Montacier.
(2) Lorsque Mamoun se trouvait à Bagdad, des pélerins lui firent présent d'une pantoufle de Mahomet. Le Calife reçoit la relique avec respect, et donne une somme considérable aux pélerins; puis il dit à ses confidents: "Si j'avais refusé cette pantoufle, on n'aurait pas manqué de dire que je ne fais pas plus de cas du prophète que de la relique."
(3) Les Arabes ne jouent qu'à l'unisson.
(4) L'opinion qui suppose que les Arabes connaissent la notation est complètement fausse. D'après Villoteau elle se forma, grâce à l'invention de Démétrius de Cantemir, qui, à Constantinople, il y a plus de cent ans, imagina des notes de musique, qui ne sont autre chose que les lettres de l'alphabet turc.

III.

Avant de parler des musiciens et des musiciennes de l'ancienne Arabie, j'indiquerai la source, où j'ai puisé mes renseignements sur la vie de ces nobles artistes.

Ne connaissant pas la langue arabe, il me fallait bien un homme capable de m'aider à comprendre les explications que me donnaient les musiciens sur les questions qui m'intéressaient tant. Je trouvai cette aide indispensable dans la personne d'un savant professeur, qui m'a traduit le texte des sept Nouba, transmis par Hamoud-ben-Mustapha, et corrigé, sur les vieux manuscrits, par Hassan-ben-Hammed; — je veux parler de Mr. Gorguos qui, par cette bienveillante sollicitude dont s'honorent les hommes vraiment éclairés, m'a encouragé à lui faire toute sorte de questions. Voyant mon embarras extrême pour trouver des ouvrages sur l'histoire de la musique arabe, il m'a même offert ses services, pour traduire quelques morceaux du célèbre ouvrage *Kitab-el-Aghani* (1), manuscrit peu connu et cependant rempli de récits et de biographies sur la vie des grands poëtes, musiciens et savants arabes de la plus haute antiquité.

J'acceptai avec empressement cette gracieuse proposition, et je suis heureux d'exprimer ici ma profonde reconnaissance à cet estimable savant, qui m'a fourni des lumières si précieuses et dont le concours m'a été si utile dans mes recherches sur l'histoire de la musique arabe.

(1) Le Kitab-el-Aghani a pour auteur un descendant des Omeïades, nommé Abou'l-Faradj-Ali-ben-El-Hossein, originaire d'Ispahan et natif de Bagdad. L'auteur dit dans sa préface: "Cet ouvrage a pour auteur Ali-ben-El-Hossein, connu sous le nom d'El Ispahan. Il a réuni dans son livre tout ce qu'il a pu rassembler de chants arabes anciens et nouveaux." — L'auteur, en effet, rapporte tous ces chants, cite les poëtes qui ont composé le texte, les musiciens qui ont composé la musique, donne l'histoire des poëtes et des musiciens, fait le récit des faits de guerre, d'amour &c., qui sont rappelés dans les poésies qu'il rapporte. Il raconte la vie des guerriers, des princes, des amants, des femmes célèbres: en un mot, il présente, à propos des chansons, un tableau immense du peuple arabe, avant et après l'Islamisme. — Abou'l Faradj naquit en l'année 284 de l'hégire et mourut en l'année 356. Il mit 50 ans à composer son ouvrage.

Sur l'origine de la musique arabe.

Les récits légendaires du peuple arabe disent que les premiers chants furent ceux du chamelier excitant la marche des chameaux. Ces chants, tous modélés à peu près sur le même rhythme, transmis d'époque en époque, ont une origine commune qui remonte jusqu'à Modhar, l'un des pères des tribus arabes. Voici ce que dit la légende: Modhar, fils de Nizar, fils de Mâdd, fils d'Adnan, avait une voix d'un timbre mélodieux et d'une douceur incomparable. Un jour, étant en voyage, il tomba du haut de sa monture et se cassa le bras. La douleur lui arracha des cris et des plaintes: *"ya! yadah! ya! yadah!"* répétait-il en gémissant, c'est-à-dire: "ah! mon bras! ah! mon bras!" Il y avait dans l'intonation de sa voix, dans la modulation de sa plainte comme un charme qui agit sur les chameaux et rendit leur course plus rapide et leur mouvement plus doux. Dès ce jour, les chameliers adoptèrent les modulations de la plainte de Modhar pour exciter leurs chameaux. Leur cri répété dans cette sorte de chant: *hadia! hadia!* rappelle, dit-on, les cris de Modhar blessé: *"ya! yadah! ya! yadah!"* — Le chant des chameliers s'appelle en arabe *Houdâ*, le chamelier qui excite le chameau se nomme *Hâdi*. Il y en a de célèbres, et dans le Kitab-el-Aghani on cite, comme l'un des plus fameux, celui du Calife Al-Mansour. — Du chant du chamelier modifié naquit le chant funèbre, appelé *Nouh* (lamentation). Pendant longtemps, les peuples de la Mecque et des contrées voisines ne connurent guère que ces deux espèces de chants. Puis s'introduisit le chant appelé *Ghina*, qui comportait une plus grande variété. La tribu de Coreïch ne pratiqua d'abord du *Ghina* que la variété dite *Nasb* qui se rapprochait beaucoup du *Houdâ*. Les auteurs, qui parlent de l'origine de la musique arabe prétendent que le chant *Ghina* fut introduit par deux chanteuses qu'ils nomment: les deux Djerâda (El Djerdatani), esclaves d'Abdallah-Ibn-Djodan. La tribu de Coreïch s'en tint à l'espèce de chant nommée *Nasb*, jusqu'à l'époque où Nadhr Ibn Elharits descendant, en 4ème génération, d'Abd Menas, s'étant rendu à Hira, auprès du roi El-Noman, apprit à jouer de l'Aoud (tétracorde) dont il s'est servi, depuis, pour accompagner le chant. De retour à la Mecque, il enseigna l'art nouveau, et dès ce moment les Coreïchites eurent des chanteurs et des chanteuses.

NOTICES BIOGRAPHIQUES.

Quand il s'agit de l'art, les princes de la terre ne sont que de simples mortels. Leur force et leur puissance n'y sont pour rien; car le monde de l'art a aussi ses princes! Mais lorsqu'un prince de la terre et surtout de ces temps où le despotisme absolu était, d'après l'esprit du siècle, aussi indispensable que l'est de nos jours la liberté, lorsqu'un tel prince renonce à la vie nonchalante, à ce *dolce far-niente* tant aimé des orientaux pour favoriser le développement de l'art, qu'il travaille même à en pénétrer les mystères, ce prince porte la double couronne et a droit à l'estime immortelle, dont ne jouissent que les hommes d'élite. Et l'Arabie les avait ces princes d'élite: le Kitab-el-Aghani en parle!... Rendons hommage à la mémoire de ces princes, serviteurs de notre art bien-aimé, et cédons leur avec respect la première place dans la liste de ces quelques artistes musiciens et musiciennes, dont je vais parler le plus succinctement possible, dans les limites de ce modeste travail.

Le premier Calife (1) qui composa des chants proprement dits, est Omar d'Abdel-Aziz, non pendant son Califat, caractérisé alors par une austérité incomparable, mais à l'époque où il n'était que gouverneur de Hedjaz. On a de lui sept chansons dans lesquelles il chantait une femme sous le nom très connu de *Soad*. On a encore prétendu que les Califes Oméïades, Abou'l-Abbas et El Mansour furent aussi musiciens et compositeurs; mais cette assertion ne repose sur rien de solide. Le premier des Califes Oméïades qui ait composé, est Jezid, fils d'Abd-el-melek. On cite de lui une cantilène sur deux vers qu'il composa également à propos de la chanteuse Houbaba. Il n'était point encore Calife à cette époque. On sait combien ce prince était passionné pour la musique, il n'est donc point étonnant qu'il ait essayé de composer lui-même. Le Kitab-el-Aghani cite ensuite le Calife El-

---

(1) L'auteur du Kitab-el-Aghani dit: "On a prétendu que le Calife Omar lui-même avait composé un chant; rien est moins probable. De son temps les Arabes ne connaissaient point le chant proprement dit, appelé *Ghina*. Ils ne connaissaient que la mélopée du chamelier et la variété appelée *Nasb*. C'était une sorte de récitatif avec des légers refrains.

Oualid, dont les chants, dit-il, sont fort connus. Ce prince jouait du Luth avec accompagnement cadencé du Thabl ou Deff (1). Parmi les Abassides, on compte d'abord El-Ouathek-Billah. Isaac, fils d'Ibrahim, en parle avec grands éloges. Le Calife lui disait un jour: "Le chant et la science musicale sont une qualité de plus dans l'homme, bien élevé, une supériorité dans l'éducation! Pourquoi blâmerait-on un art dont nos pères ont fait l'éloge, l'art qu'ont aimé les compagnons du prophète et les Tabis qui leur ont succédé, l'art qui fut en vogue dans les villes de l'envoyé de Dieu, la Mecque et Médine?" Le même ouvrage cite aussi les compositions de ce Calife, et parle encore du Calife El-Montacier, qui composa beaucoup de chants avant de monter sur le trône, mais qui, une fois parvenu au Califat, fit tout son possible pour les faire oublier, ou les attribuer à d'autres. Après avoir encore cité le Calife El-Mâtez-Billah, et El-Motaded, le même ouvrage passe ensuite aux musiciens compositeurs parmi les fils et filles des Califes. Le plus célèbre, à juste titre, est Ibrahim, fils d'El-Mahdi, qui ne fut Calife que bien peu de temps. On lui attribue une foule de compositions musicales du plus grand mérite. Aussi était-il l'envieux rival d'Isaac El-Mosouly. Après lui le Kitab-el-Aghani cite Oleïia, fille aussi d'El-Mahdi, qui avait presque autant de talent musical que son frère Ibrahim, et sa mère Meknouna, autrefois chanteuse renommée, qui, grâce à sa beauté et à ses talents poétiques et musicaux, devint une princesse qui faisait l'ornement de la cour. Vient ensuite le prince Abou Aïça-Ahmed, fils d'Errachid, dont la mère était de race Berbére. Il surpassait en beauté tous ses frères, qui furent, dit-on, les plus beaux parmi les enfants des Califes. Errachid disait à El-Mamoun: "Tu es celui que j'aime le plus, mais je voudrais pouvoir te donner la figure d'Abou Aïça!" — On parle encore d'Abd-Allah, fils du Calife Mouça-El-Hadi, qui chantait très bien et jouait admirablement du Luth. Vient enfin, en terminant, le prince Abd-Allah, fils du Calife Mohammed-El-Amin; Abou Aïça-Abd-Allah, fils du Calife El-Metwakkel, qui a composé jusqu'à trois cents morceaux de chant; et, le dernier des fils du Calife, cité par l'auteur du Kitab-el-Aghani, est le prince Abd-Allah, fils du Calife El-Motez-Billah.

Après avoir énuméré les noms des princes arabes qui s'occupèrent de la musique, je passe aux courtes notices biographiques de quelques artistes proprement dits, dont j'ai fait choix, au milieu d'une foule d'autres.

(1) Dessin No. 11.

Ibrahim-El-Mosouly.

Ibrahim était d'une famille d'origine Persane, habitant le Fars. Son père Mahan quitta son pays pour échapper aux exactions du gouverneur. Ibrahim naquit à Coufa en l'année 125 de l'hégire. Témoignant dès l'adolescence un goût passionné pour la musique, mais trouvant dans sa famille une forte opposition à cette vocation, Ibrahim, pour y échapper, s'enfuit de Coufa. — Se mêlant à des mendiants, vagabonds et pillards, il se rendit avec eux à Mosul. C'est en cette compagnie qu'il s'exerça d'abord à chanter les pièces qu'il entendait de ces joyeux routiers, et c'est avec eux qu'il s'habitua à vider de grands verres, car Ibrahim fut à la fois grand chanteur et grand buveur. Au bout d'un an il retourna au sein de sa famille à Coufa, où ses frères et ses camarades l'accueillirent disant: "Voici le Mosoulien de retour, qu'il soit le bien venu!" De là le surnom de Mosouly qui lui est resté. Cependant tout entier à sa passion pour le chant et la musique, Ibrahim quitta de nouveau Coufa, et, voyageant en différentes contrées, à la poursuite de l'art, dont il était épris, il perfectionna ses connaissances. Il arriva ainsi à Rey, où continuant de s'instruire, il se fit d'abord un renom et épousa Dauchar. C'est-là qu'un envoyé d'Abou-Djafar, l'ayant entendu, s'éprit de son talent, lui fit des cadeaux considérables et lui donna deux mille drachmes. Ibrahim, muni de cet argent, se rendit à Obolla, où se trouvaient des chanteurs distingués. Il s'y fit entendre et excita si bien leur admiration, que Soleiman, fils d'Ali, voulut l'attacher à sa personne. Ibrahim fit d'abord des difficultés, tenant, avant tout, à sa liberté, car dans la musique et le chant il voyait plutôt des jouissances personnelles, qu'un moyen de faveur et de fortune. Cependant, après quelques hésitations, il finit par consentir à être le chanteur en titre de l'Emir. Quelque temps après vint à Rey un chargé d'affaires du Calife El-Mahdi. Il entendit chanter Ibrahim et, plein d'admiration pour son talent, il dit à Soleiman: "Un pareil artiste doit appartenir au Calife plutôt qu'à Vous!" — De retour auprès de son maître le serviteur raconta combien il avait été émerveillé du talent d'Ibrahim, et El-Mahdi écrivit aussitôt à son lieutenant, et bientôt après, l'artiste se rendit à la cour du Calife qui le combla de faveurs. Ibrahim a dit lui-même: "Le premier Calife qui m'entendit chanter fut El-Mahdi; avant moi il n'avait entendu que Toleih et Seüath." Avec l'amour de sa liberté, Ibrahim aimait aussi à chanter où bon lui semblait. Les applaudissements à huit clos, même de la part du Calife, ne pouvaient le satisfaire; aussi résistait-il à El-Mahdi qui voulait l'avoir à lui seul. Le Calife d'ailleurs n'aimant pas les buveurs, reprochait souvent à Ibrahim son goût prononcé pour la liqueur prohibée. Aussi le chanteur refusa l'esclavage doré que lui proposait le Calife: le prince s'emporta et essaya de le réduire par la prison. Là Ibrahim apprit à lire et à écrire. — Plusieurs fois il eut à subir les reproches et les menaces du Calife, quand celui-ci apprenait qu'il avait bu ou qu'il était allé chanter ailleurs qu'au palais. Un jour Ibrahim, fatigué par ces reproches, dit au prince: "Si j'ai appris à chanter, c'est pour ma propre jouissance; je veux chanter et boire et il m'est impossible d'y renoncer!" — "Eh bien, dit le Calife furieux, dès ce jour je te défends d'entrer chez mes fils Mouça et Haroun; si — pour ton malheur — j'apprends que tu les vois encore, je te traiterai, je le jure, de façon à ce que tu t'en souviennes." — "Soit, répondit Ibrahim, je ne les verrai plus." — Mais, sollicité par les deux princes, qui l'aimaient beaucoup, Ibrahim ne tint pas sa promesse et alla encore chanter et boire avec eux. Le Calife en étant informé, l'artiste fut enfermé dans une sorte de sépulcre fait exprès (1). — En délivrant son captif le Calife lui fit jurer par les serments les plus solennels de ne plus retourner chez les deux princes: aussi Mouça, devenant Calife sous le nom d'El-Hadi, Ibrahim se cacha pour ne pas violer ses serments. Mais El-Hadi fit chercher le chanteur qui ne put longtemps se soustraire à ces recherches. Depuis Ibrahim jouit de toute la faveur d'El-Hadi qui le combla de richesses. Isaac, son fils, disait en parlant des largesses du Calife pour son père: "En un seul jour il reçut de ce prince 150,000 dinars. Si le Calife eût vécu plus longtemps, nous eussions bâti d'or et d'argent les murs de nos demeures. Une fois je comptais qu'il avait touché 24 millions de drachmes outre son traitement ordinaire de 10,000 drachmes par mois et indépendamment encore des fruits et produits divers de ses propriétés ainsi que des riches cadeaux qu'il recevait." Ibrahim était, au reste, généreux et prodigue: sa maison était somptueuse et sa table toujours servie pour ses amis et ses hôtes; il dépensait pour cet objet 30,000 drachmes par mois. Aussi, à sa mort, qui eut lieu à Bagdad, en l'année 188 de l'hégire, il ne laissa que 3000 dinars et encore en devait-il sept cents.

En terminant la notice sur la vie d'Ibrahim, je ne puis m'empêcher de livrer l'épisode que m'a raconté, au sujet de cet artiste, le vieux Hadj Brahim (2).

Après avoir fini la notation des mélodies que m'avait remises Hamoud-ben-Mustapha, j'ai voulu vérifier mon travail. Hadj Brahim étant le meilleur juge en cet article, je l'ai engagé à venir entendre la musique qui lui valut à Alger, parmi les musiciens arabes, le surnom de *"maître inimitable"!* — Le soir fixé le vieillard arriva, appuyé sur Hamoud, qui porta son Rebâb (3). Bientôt la conversation tomba sur la musique; alors me mettant au piano j'engageai mon hôte à écouter quelques airs de son pays. La première mélodie que je lui fis entendre était l'Insiraf Raml — notturno qui me paraît plein de grâces et de charmes. Le vieillard l'ayant aussitôt reconnue quitta le sofa pour venir s'asseoir auprès du piano où, en s'accoudant, il suivit de sa voix tremblante, cette cantilène plaintive et rêveuse. L'Insiraf fini, je lui proposai d'entendre la Nouba entière. Hadj Brahim inclina la tête en signe d'assentiment, mais avec un regard qui trahissait la méfiance. Après le Mosadder, je voulais passer au Bétaïhh, mais il m'arrêta et me fit répéter la première partie. Toujours accompagnant les mélodies de sa voix saccadée, il les écoutait avec une grande attention, et quand le Khélas fut fini le vieillard, me frappant sur l'épaule, me dit en souriant: *Serakt, es-senâ!* (tu as volé la manière!) Encouragé par sa remarque, je l'ai prié d'écouter toutes les chansons que j'avais notées et de me faire ses observations. Cette

---

(1) On peut voir dans le Kitab-el-Aghani le récit du supplice d'Ibrahim, raconté par lui-même, et les paroles hardies qu'il adresse au Calife et qui mettent le comble à sa colère.
(2) Page 2.
(3) Dessin No. 1.

occupation finie, Hadj Brahim, parlant de la beauté de leur ancienne musique et se lamentant sur sa malheureuse position actuelle, s'écria en poussant un profond soupir: "Ah! oui! nos ancêtres étaient des musiciens tout autres que nous ne le sommes aujourd'hui; aussi le grand musicien Ibrahim disait autrefois: '*La musique peut tout!*' Et là-dessus pour expliquer à quel sujet le grand artiste avait fait cette remarque, le vieillard me raconta comment Ibrahim, éperdument amoureux de la belle Rmékia, — fière amante du brillant Haroun-El-Rachid, — lui donna un soir une sérénade. Cette sérénade a dû être bien belle, ajouta le vieillard; Ibrahim, s'accompagnant du Luth, chanta les charmes de sa souveraine, l'amour passionné qu'ils lui inspiraient; il disait qu'un baiser de Rmékia valait toute une vie remplie de bonheur! L'artiste chanta longtemps dans la nuit devant la porte de cette fière beauté, et la porte s'ouvrit et l'heureux y entra!..... Depuis Ibrahim disait: '*La musique peut tout!*'"

Isaac, fils d'Ibrahim.

Isaac reçut l'éducation la plus brillante et fut un des hommes les plus distingués de son temps. Il eût brillé parmi les littérateurs et les poëtes, et parmi les jurisconsultes, si la réputation qu'il se fit comme musicien et chanteur, comme compositeur et instrumentiste, n'avait fait oublier tous ses autres genres de mérite, et les autres talents dont il fut doué. Malgré son immense savoir musical on a dit de lui que la musique était l'art qu'il possédait le moins, et pourtant, en cela, il sut surpasser les anciens et arriver si haut, que de son temps ni après lui, personne n'est parvenu à ce dégré. C'est lui qui dévoila et démontra la doctrine musicale, la fit briller de tout son éclat, en rendit l'étude facile, en porta la clarté dans tous les points obscurs, et mérita ainsi d'être appelé *l'Imam de l'art musical!* Et cependant, malgré tant de succès et tant d'enthousiasme qu'il excita, il n'estimait point cet art autant que les autres sciences qu'il avait acquise. Ainsi il ne pouvait souffrir d'entendre parler du musicien Isaac: "J'aimerais mieux, dit-il, recevoir les étriers que d'être prié de chanter ou d'entendre ces mots: 'le chanteur Isaac'!" Néanmoins, malgré l'aversion d'Isaac pour la musique, il tenait très fort à ses compositions, et en était avare au point qu'on ne pouvait les obtenir de lui que par ruse. C'est à lui qu'on doit les règles de chaque genre et de chaque rhythme, et c'est lui encore qui apprit à les distinguer. Par une sorte d'intuition il devina tout ce que les écrivains de l'antiquité avaient dit de la musique. Il n'avait jamais lu Euclide, et pourtant il parla de cet art comme si les traités de ce philosophe lui eussent été familiers. — Il faut reconnaître d'ailleurs qu'une véritable passion pour l'étude avait aidé puissamment ses dons naturels; voici ce qu'il nous dit de sa jeunesse et de son éducation: "Chaque jour j'allais chez Hachim, mon professeur de chant, de là je me rendais aux séances tenues par El Keçaï, El Farra. Je suivais les leçons de ces professeurs, j'étudiais quelque partie du Koran sous la direction d'Ibn Guezala, ensuite je me rendais chez Zalzal, le virtuose, qui me démontrait un ou deux des différents rhythmes musicaux qu'il exécutait devant moi. De là j'allais entendre chanter une ou deux pièces par la chanteuse Atika; puis je courais aux séances d'El-Asmaï et d'Abou Obeida pour réciter et entendre réciter des poésies et munir ma mémoire des traditions et des faits historiques. Je retournais alors chez mon père, et je lui rendais compte de ce que j'avais fait, de ce que j'avais appris. Ensuite venait le dîner, et le soir je me rendais chez le "Commandeur des croyants". — Isaac, supérieur à tous ses collègues dans l'art musical et de plus légal, par ses hautes connaissances dans les diverses branches du savoir, se voyait avec peine confondu dans les rangs des artistes musiciens aux réceptions journalières du Calife et cette fierté déplaisait fort à ses rivaux qui en étaient jaloux. Favori d'El-Mamoun, il demanda à ce prince d'assister aux réceptions et aux séances non plus avec les chanteurs, mais dans les rangs des savants: il obtint cette faveur. Puis il demanda d'être reçu avec les docteurs de la loi et le Calife y consentit. Encouragé dans ses prétentions, il demanda permission de porter le costume noir des Abbassides et d'assister à la prière du vendredi dans la tribune du Calife. Cette fois El-Mamoun, trouvant qu'il allait trop loin, lui dit en riant: "C'est un peu trop, Isaac, pourtant je veux t'acheter ton renoncement à cette prétention excessive et je te la paie 100,000 drachmes."

Sous le califat d'El-Ouathik la faveur d'Isaac fut à son comble. Le Calife disait: "Je n'ai jamais entendu chanter Isaac sans me figurer que je venais d'ajouter une conquête à mon empire. Toutes les fois qu'il m'a chanté une composition d'Ibn Soureïdj, j'ai cru que le fameux chanteur était ressuscité et que c'était sa voix qui frappait mes oreilles. Le posséder est une de ces faveurs que nul monarque n'a obtenues avant moi. Si l'on pouvait acheter, quelque part, les longs jours, la jeunesse et l'allegresse, je les achèterais pour lui aux prix de la moitié de mon empire!"

Isaac mourut à Bagdad au commencement du règne d'El-Metwakkel dans le mois de Rhamdan. Quand on annonça sa mort au Calife il s'écria: "Le trône a perdu une grande part de son éclat et de ses charmes!"

Màbed.

Màbed Ibn Ouhab était un affranchi. Son père était nègre et lui mulâtre; il était de forte taille, mais louche. Il mourut sous le Calife Oualid Ibn Yézid à Damas, dans le palais du prince. Son fils Kerdem a dit: "Quand le cercueil sortit du palais, la musicienne Selama, élève de mon père et esclave de Yézid, fils d'Abd'-El-Melek, saisit un des bâtons qui soutenaient le corbillard, et, les yeux pleins de larmes, récita des vers d'El-Alhouet que mon père avait mis en musique et dont il lui avait appris le chant qui renfermait une allusion à la séparation actuelle. Le prince Oualid et son frère marchèrent devant le corbillard jusqu'à la sortie du palais!"

Isaac a dit, en parlant de Màbed: "Màbed était un chanteur consommé et des plus agréables. Ses compositions dénotaient un talent supérieur à tous ses rivaux. C'était le prince des chanteurs, le premier des artistes de Médine!" — Il eut pour maître: Saïb-Khather-Kachith, affranchi d'Abd-Allah, Ibn-Djafar et Djemila. Un poëte a dit, en parlant de lui: "Thoueïs a brillé dans l'art du chant, et après lui Ibn Soureïdj; mais Màbed seul a atteint le but dans la carrière!" Ibn Soureïdj, l'ayant entendu encore adolescent, s'écria: "Si ce jeune garçon vit, il sera le premier chanteur du pays!" Les compositions musicales de Màbed n'ont été surpassées par aucun de ses prédécesseurs ni de ses successeurs. Lorsqu'il était esclave, il servait ses maîtres occupés de trafic et de négoce; souvent il gardait leurs troupeaux, toutefois, il assistait aussi assidument qu'il le pouvait, aux leçons de Saïb Khather et de Kachith. Son intelligence, la beauté de sa voix, le mérite de ses compositions, lui acquirent bientôt de la célébrité et le placèrent au-dessus de tous les musiciens de son époque. Màbed a dit, en parlant de ses compositions: "J'ai composé des airs que ne peut chanter l'homme repu, ou l'homme chargé d'une outre, j'en ai composé que l'homme accoudé ne peut chanter sans se remettre sur son séant, j'en ai composé que l'homme assis ne peut chanter sans se lever."

Ibn-El-Kelby raconte qu'Ibn Soureïdj et El-Ghérid se rendaient à Médine pour recueillir les largesses qu'on prodiguait alors aux chanteurs en renom. Arrivés à l'endroit, appelé le *Lavoir*, tout près de la ville, ils firent rencontre d'un garçon portant des lacets pour prendre des oiseaux. Le jeune homme chantait un *Lahn* très connu.

Ibn-Soureïdj et son compagnon se dirigèrent vers lui, et le prièrent de répéter son chant. Màbed, c'était le jeune chanteur, y consentit et chanta d'une manière si supérieure qu'Ibn-Saureïdj, s'adressant à El-Gharid, lui dit: "As-tu jamais entendu rien de pareil? Si c'est ainsi que chante, à Médine, un oiseleur, que sera-ce des chanteurs de profession, qui sont dans la ville? Pour moi, que ma mère me perde, si je ne m'en retourne à l'instant!" El-Gharid fut du même avis, et, tous deux, renonçant à entrer dans Médine, s'en retournèrent en leur pays.

Un jour le Calife El-Oualid, ayant envie d'entendre Màbed, fit partir un courrier pour Médine avec ordre de l'amener. Màbed étant arrivé, le Calife fit remplir un bassin de vin et d'eau et s'assit sur le bord du bassin; Màbed fut placé de l'autre côté du bassin: une courtine dérobait le Calife à sa vue. El-Oualid dit alors au chanteur: "Chante-moi le *Lahn*: *Hélas! ils ne sont plus ces hommes*" &c. (1).

Tandis que Màbed chantait, le Calife leva la courtine, se déshabilla, plongea dans le bassin et y but à longs traits, puis il sortit du bassin, et les serviteurs accoururent au Calife avec des cassolettes, des parfums et des vêtements. "Chante-le moi encore une fois ce Lahn incomparable," s'écria El-Oualid.

(1) Je suis heureux d'avoir découvert cette mélodie antique et je la livre avec d'autant plus de plaisir, que je lui trouve tous les charmes de la cantilène orientale: cette douce tristesse, ce vague insaisissable qu'on ne

Le chanteur obéit, et le Calife, charmé, lui fit donner 15,000 pièces d'or. "Retourne à Médine, ajouta-t-il, et garde le secret sur ce que tu as vu: Celui qui veut garder la faveur des princes doit être discret." Un autre récit de cette anecdote prétend que le bassin dans lequel plongea le Calife était rempli d'eau de rose, mêlée de musc et de saffran. Màbed chanta trois airs, et le Calife se plongea trois fois dans l'eau parfumée. Quand il en sortait, ses femmes remplaçaient ses vêtements par d'autres, lui versaient à boire, et le Calife accordait à Màbed l'honneur de boire avec lui.

saurait comparer qu'avec le léger souffle du vent qui vient effleurer l'oreille par une belle nuit embaumée. C'est toute une rêverie!....

Lahn.

Texte.

Hélas! il ne sont plus ces hommes, nobles cœurs! Ils avaient soumis la fortune, tout allait au gré de leurs désirs!

Le temps dans le cours rapide des événements les a emportés; ils ont disparu l'un après l'autre. Ainsi le temps emporte et anéantit.

Leur séparation fait pleurer mes yeux et leur ravit le sommeil. Ah! la séparation est pleine de larmes quand on aime.

Trad. **A Gorguos.**

Lahn harmonisé.

Ibn-Soureïdj.

Abou-Yahia-Ibn-Soureïdj était un affranchi. Il avait le teint vineux, il louchait, ses yeux étaient chassieux; il était boiteux, et ne se montrait guère que lorsqu'il chantait. Attaché à la cour du Calife Othman, il se rendit célèbre dans l'usage qu'il fit le premier du Luth de Perse, apporté à la Mecque par les Persans qu'Abd-Allah-Ibn-Zobeïr y amena pour la reconstruction de la Caba. Ibn-Soureïdj, voyant les habitants de la Mecque charmés de la façon dont chantaient ces étrangers et de l'instrument qu'ils avaient apporté, s'en servit pour chanter ses compositions. Isaac a dit en parlant de ce chanteur: "Je demandai, un jour, à Hicham-Ibn-El-Morria, musicien sans rival: 'Quel est à ton avis, le plus habile chanteur?' — 'Après le prophète David, me répondit-il, Dieu n'a pas créé un chanteur comparable à Ibn-Soureïdj, sous le rapport de la voix et de l'art.'" — "Mon père, ajoutait Isaac, me disait que Younes, le secrétaire, parlant un jour des quatre chanteurs célèbres: Ibn-Soureïdj, Ibn-Mohrïz, El-Gharid et Màbed, il lui avait demandé auquel de ces artistes il donnait la préférence. Younes répondit: "C'est à Ibn-Soureïdj; il semblait former des fibres de tous les cœurs, et, quand il chantait, son chant donnait à chacun de ceux qui l'entendait l'émotion qu'il aimait le plus!" Ibn-Soureïdj commença d'abord par composer des airs de complainte, qu'on appelle *Nouh*. Il y acquit de la célébrité, mais bientôt il y renonça. Voici en quelle occasion. La petite fille du Calife Ali, Sokeïna, fille d'El-Husseïn, avait un esclave nommé Abd-El-Melèk, auquel, par la volonté de la princesse, Ibn-Soureïdj enseigna le *Nouh*. Les leçons furent nombreuses, et l'élève était heureusement doué. Lorsque mourut l'oncle de Sokeïna, Abou'l-Cacem-Mohammed, l'esclave, à son enterrement, composa un chant funèbre *(Nouh)* en l'absence d'Ibn-Soureïdj, alors malade. Le chant de l'élève fut jugé supérieur à ceux du maître, et les femmes de Sokeïna dirent en l'entendant: "Ce Nouh est véritablement plein d'un charme nouveau (Gharidh)!" et, depuis ce jour l'esclave fut appelé *El-Gharid*. — Ibn-Soureïdj, apprenant le prodigieux succès du *Nouh* de son élève, jura d'abandonner ce genre, pour ne s'occuper que du chant proprement dit, *Ghnâ*. Et ce serment il l'observa jusqu'à la mort de son élève chérie, la grande chanteuse Houbaba. A l'occasion de cette mort il composa un *Nouh* et peu de temps après, un second qui fut le dernier, à la mort du Calife Yézid-Ibn-Abd-El-Mélik. Ibn-Soureïdj, quelques heures avant sa mort, voyant sa fille pleurer à ses côtés, lui dit: "Mon plus grand tourment, en ce moment, est de penser que je vais te laisser peut-être sans ressource, après moi." — "Rassure-toi, mon père, lui dit sa fille; tous les chants que tu as composés, tous les airs que tu as chantés, je les ai retenus: ils seront ma ressource!" — "Voyons!" lui dit son père; et elle se mit à chanter. Ibn-Soureïdj prêtait une oreille attentive. Quand elle eut fini, il lui dit: "Maintenant, je suis tranquille sur ton compte, je puis mourir; ton avenir est assuré!" D'après El-Médaïny Ibn-Soureïdj serait mort sous le Califat de Soleiman ou vers la fin du Califat d'El-Oualid: Il fut enterré à Desm (près de la Mecque).

Azza-t-El-Meilâ.

J'ouvre la liste des femmes artistes par la grande chanteuse Azza-t-El-Meilâ, car c'est elle, qui, la première, introduisit en Arabie le chant avec cadence, et c'est elle qui forma les plus grands talents de l'Arabie: Mâbed lui-même était son élève! Introduisant le chant à Médine, elle passionna les Médinois pour cet art, au point qu'hommes et femmes s'y livraient avec une ardeur inouie. Aussi, plus tard, quand les vieillards parlaient d'Azza, qui était antérieure à la fameuse Djémila, ils disaient: "Dieu la récompense! combien ses chants étaient agréables! combien sa voix était séduisante! que son gosier était pur! avec quelle habilité elle mêlait à sa voix le son des instruments dont elle s'accompagnait! qu'elle était belle! que d'esprit dans sa conversation! comme on était bien auprès d'elle! qu'elle était généreuse et distinguée!".... Ibn-Soureïdj, dans sa jeunesse, allant à Médine étudier sous sa direction, avait pour elle une admiration passionnée, et quand on lui demandait quel était le meilleur chanteur au monde, il répondait: "C'est Azza!" tant il la mettait au-dessus de tous les chanteurs et les chanteuses de l'époque.

Le poëte Toûaïs disait d'elle: "C'était la reine du chant! Ajoutez à cela une surprenante beauté, tous les dons de l'esprit et du cœur et une foi musulmane dont rien n'altérait la pureté: Elle conseillait le bien et le pratiquait, elle déconseillait le mal, et l'évitait. Quand elle recevait, son salon était plein et tous l'écoutaient comme en extase!"

Le fameux poëte du prophète, Hassan-ben-Tsabec, avait pour elle une véritable passion: Vieux et aveugle, il se rendait chez elle. Un jour Azza chantait des vers composés par le poëte. Hassan éprouva une vive émotion et ses yeux se remplirent de larmes. Son fils, qui l'avait accompagné, faisait signe à Azza de continuer son chant, toutes les fois qu'elle semblait s'arrêter. Azza reprenait, et, de grosses larmes tombaient des yeux du vieux poëte. En rentrant dans sa maison, Hassan dit aux siens: "Cette jeune fille me rappelle une époque déjà ancienne et des chants que je ne croyais plus entendre! C'était au temps du Paganisme et j'étais alors chez Djabala!" Son petit-fils lui dit: "Grand-père, y avait-il des chanteuses chez Djabala?" — "Certes, oui, dit le vieillard, je vis chez lui dix chanteuses: cinq chantaient en langue grecque et les cinq autres les chants de Heira; c'était Yas, fils de Cabiça, qui les lui avait données. Quand il s'asseyait pour boire avec ses convives, on jonchait le sol de la salle de jasmin, de roses, de lilas et d'autres fleurs embaumées. Des vases d'argent contenaient des parfums d'ambre et de musc. En hiver on brûlait, pour réchauffer l'air, du bois de senteur de l'Inde; en été, au contraire, on l'arrosait d'eau de neige, et des vêtements souples et légers étaient offerts aux convives. Et notre hôte avait toujours le visage riant, la parole bienveillante, la main ouverte pour les largesses sans attendre qu'on sollicitât ses bienfaits. Hélas! c'était alors le temps du Paganisme! Puis vint l'Islamisme, nous laissâmes le vin et tout ce que défend la loi. Maintenant vous, musulmans, vous buvez ce vin de dattes, cette liqueur extraite du fruit encore vert, et à peine avez vous vidé trois coups que les querelles survenant, vous vous chamaillez, et vous vous battez comme des chameaux ennemis!"

La chanteuse Bedl.

Bedl figure au rang des chanteuses les plus renommées. On prétend même qu'elle pouvait chanter plus de trente mille cantilènes. Le prince Djafar, fils du Calife El-Hadi, l'acheta; Mahommed-El-Amin, fils d'Haroun-El-Rachid et son successeur, la lui prit dans les circonstances suivantes: El-Amin, ayant entendu parler des talents de l'esclave du prince Djafar, le pria de la lui amener. Djafar refusa; alors El-Amin alla lui faire une visite, et Bedl se mit à chanter avec un charme et une méthode dont El-Amin fut tout émerveillé. Il dit alors à Djafar: "Vends-moi donc cette esclave." Djafar s'en défendit en disant: "Un homme de mon rang ne vend pas ses esclaves." — Le Calife insista et dit: "Alors donne-la moi!" — "Je ne le puis, dit Djafar, car je l'ai affranchie, afin qu'elle fut libre après ma mort." — Le Calife alors eut recours à la ruse suivante: il enivra Djafar; et quand celui-ci fut pris de vin, Bedl fut emportée par l'ordre du Calife dans une nacelle. Djafar, revenu à lui-même, apprit l'enlèvement. Il dévora son dépit et se tut. Le lendemain, le Calife le fit appeler. Il vint: Bedl parut et chanta devant lui. Djafar ne dit mot; et quand il prit congé, le Calife dit à ses serviteurs: "Qu'on charge de drachmes la nacelle de mon cousin." On la remplit de vingt millions. Depuis lors, les enfants de Djafar, aussi bien que ceux d'El-Amin se dirent les patrons de Bedl et en réclamèrent les priviléges.

El-Amin donna à sa nouvelle favorite une quantité énorme de diamants et de pierres précieuses. Ce Calife lui passait toutes ses fantaisies et dépensait pour elle tout ce qu'elle demandait et c'était à tout moment de nouvelles demandes. Quand elle sortit du harem, les plus grands personnages voulurent l'épouser, mais elle refusa de se marier. A sa mort, elle laissa une fortune considérable, bien qu'elle eût dépensé la plus forte partie de ce que lui avait rapporté les largesses des Califes. — Voici ce que raconte Abou-Hachicha en parlant de Bedl: "Du temps d'El-Mamoun, j'étais, un jour, chez la chanteuse Bedl, pendant qu'elle était dans son cabinet, occupée à soigner sa chevelure. En sortant, un instant, je vis à la porte un cortège, et, le prenant pour la suite du Calife, je courus le dire à Bedl: 'Voilà, sans doute, le Calife qui va passer.' — 'Voyez, dit-elle à ses serviteurs, ce que cela peut être!' Mais, au même instant, le portier entra et lui dit: 'Ali, fils d'Hicham, vient voir Madame!' — 'Eh! qu'ai-je à faire de sa visite?' nous dit-elle, et, s'adressant à Ouchika (sa messagère habituelle auprès des Califes, quand elle avait affaire à eux): — 'Va lui dire que je ne suis pas visible.' Ouchika se jetant alors à ses pieds: 'O! chère maîtresse, dit-elle, vous voulez refuser votre porte à Ali-ben-Hicham? Ah! mon

Dieu! ah! mon Dieu!' Alors Bedl, cédant à ses supplications, jeta un fichu sur sa tête et donna l'ordre de l'introduire. Ali entra. Bedl resta assise et ne se leva point pour le recevoir. 'Je viens, dit Ali, par l'ordre du Calife. Il m'a parlé de toi; j'ai dit qu'il y avait quelque temps que je ne t'avais vue. Elle est en colère contre toi, me dit le Calife, et je te prie de ne pas me quitter avant d'être rentré en grâce auprès d'elle. Et me voici!' — 'Puisque c'est le Calife qui vous envoie, dit Bedl, il est de mon devoir de me lever pour vous faire accueil,' et, aussitôt, se levant, elle alla lui baiser la tête et les mains. Ali resta un moment et prit congé! Quand il fut parti, Bedl dit à Ouchika: 'Vite un encrier et des plumes!' Ouchika, les ayant apportés, Bedl se mit à écrire avec une activité fébrile, la nuit et le jour sans discontinuer. Elle écrivit ainsi douze mille cantilènes et les envoya à Ali avec le billet suivant: 'Vous vous vantez, Ali-ben-Hicham, que vous n'avez plus besoin de Bedl, que vous tenez d'elle tout ce qu'elle sait de cantilènes et d'ariettes, toutes ses *quatre mille*, dites vous! Je vous envoie ce recueil, malgré ma rancune. Et combien vous en aurais-je envoyé, si mon cœur était tout à vous!' La messagère apporta bientôt la réponse, ainsi conçue: 'Chère maîtresse! je prends Dieu à témoin que je n'ai pas tenu les propos qu'on m'impute. On m'a calomnié auprès de toi. J'ai dit seulement: Il n'est pas possible qu'il existe plus de quatre mille cantilènes. Et voilà que tu m'envoies ce divan de chansons pour lequel je ne pourrai jamais te témoigner assez de reconnaissance!' Le billet était accompagné de dix mille drachmes, avec quantité de riches étoffes et de parfums exquis."

Le Kitab-el-Aghani cite des vers dans lesquels Ali-ben-Hicham se plaint des rigueurs de Bedl à son égard, et la notice se termine par une anecdote trop libre pour être reproduite.

Dat-El-Khal.

Dat-El-Khal était asservie à un marchand d'esclaves, nommé Abou'l-Khettab-Karin, affranchi d'El-Abbacia, fille du Calife El-Mahdi. Le véritable nom de cette chanteuse était Khenet, mais comme elle avait sur la lèvre supérieure un grain de beauté, on lui donna le nom de Dat-El-Khal (1). Dat-El-Khal était une fort jolie femme et des plus accomplies sous tous les rapports. Aussi l'illustre Ibrahim-El-Mosouly en était-il éperdument amoureux. Et comme il était assez bon poëte, on cite de lui plusieurs madrigaux adressés à Dat-El-Khal. Les poëtes, de même, ne cessaient de la chanter dans leurs vers. Le Calife Er-Rachide en ayant ouï parler, la voulut dans son harem et il l'acheta pour la somme de soixante-dix mille drachmes. Il s'en éprit d'abord. Un jour, poussé par une jalousie rétrospective, il voulut savoir si Ibrahim n'avait jamais rien obtenu d'elle. Dat-El-

(1) Khal signifie grain de beauté.

Khal hésita un moment, et finit par avouer une faiblesse, mais une seule. Le Calife, plein de dépit, la bouda et la maria avec Hamouaï, serviteur de son palais. Quelque temps après, la regrettant vivement, il dit à son mari: "Penses-tu que nous t'avons donné Dat-El-Khal pour que tu jouisses seul de ses chansons?" Alors Hamouaï s'empressa de dire qu'elle était à ses ordres. — "Eh bien, dit Er-Rachid, demain nous irons l'entendre chez toi." Le serviteur courut à l'instant faire des préparatifs: Il loua des bijoux à des joailliers pour la somme de douze mille pièces d'or, et, le lendemain, Dat-El-Khal parut, toute resplendissante aux regards du maître. Er-Rachid saisit cette occasion, pour se venger de son trop zélé serviteur et il dit d'un ton courroucé: "Qu'est cela? tant de bijoux chez toi, Hamouaï! Nous ne pensions pas que ta charge dût te faire si riche et nos largesses pour toi n'ont pas été telles que tu aies pu économiser autant!" Le serviteur expliqua alors ce qu'il avait cru devoir faire pour que Dat-El-Khal se présentât dans un brillant état devant son maître. Er-Rachid voulut qu'on s'informât auprès des joailliers. La sincérité du serviteur prouvée, le Calife s'adoucit. — Dat-El-Khal était ce jour-là si jolie! Il finit par payer les bijoux; et, pour faire la paix avec elle, il s'engagea à lui accorder, ce jour-là, tout ce qu'elle demanderait. La chanteuse demanda que son mari fût nommé directeur de la guerre et intendant des impôts de la province de Fars pour sept ans. Le Calife l'accorda et enjoignit à son héritier présomptif de respecter cette nomination, dans le cas où il viendrait à mourir avant les sept ans révolus, et Dat-El-Khal rentra au harem. Un jour le Calife lui avait promis d'aller la voir; mais Dat-El-Khal, étant sortie, une autre de ses esclaves le pria d'entrer chez elle, et il s'y oublia. Dat-El-Khal l'apprit et s'écria: "Je saurai bien me venger de son manque de parole. J'ai un moyen de le vexer!" prenant alors des ciseaux, elle coupa ce joli grain de beauté qu'elle avait sur la lèvre et dont le Calife raffolait. Quand Er-Rachid eut appris ce qu'avait fait sa favorite, il en fut tout chagrin, et, appelant Fadl, fils de Rabia, son ministre, il lui dit: "Y a-t-il quelques poëtes à la porte du palais?" — "J'ai vu, répondit Fadl, Abbas-ben-El-Ahnef, il n'y a qu'un instant." — "Qu'on le fasse entrer," dit le Calife. Et lorsque le poëte entra, il lui dit d'improviser quelque chose pour l'excuser auprès de Dat-El-Khal. El-Abbas fit sur le champ le distique suivant: "Délivré de celle qui n'eut jamais mon affection, je reviens à celle que rien ne saurait changer à mes yeux. Si *grain de beauté* a coupé son grain de beauté, lorsque mon cœur rompt avec tout autre qu'elle, *grain de beauté* est injuste envers moi!" Le Calife récompensa le poëte, en lui donnant deux mille pièces d'or, et courut apporter le distique à sa favorite, pour faire la paix avec elle. Dat-El-Khal était l'une des trois favorites préférées du Calife. Les deux autres étaient Sohr (charme) et Dhiâ (splendeur).

Houbaba.

Houbaba médinoise, de race croisée, appartenait à un homme de l'Irac, appelé Ibn-Romana, où, selon d'autres, Ibn-Mina, qui la fit instruire, lui donnant pour maîtres les professeurs les plus célèbres, tels qu'Ibn-Soureïdj, Moharez, Malek, Màbed, et, parmi les femmes Djemila et Azza-El-Meïla. Houbaba était une excellente musicienne, et son instrument favori était le Luth. Douée d'une voix très mélodieuse, elle était aimable et jolie au point que le Calife Yézid lui donna le nom de Houbaba (aimée), son véritable nom étant Aliia. Quand elle parut pour la première fois chez le Calife, elle portait une tunique à deux pans traînants et tenant un tambourin qu'elle jetait et rattrappait en chantant ces vers du Poëte:

"Qu'il est beau le sein de Moleïka, qu'il est beau son cou, lorsque ses compagnes l'ont parée de ses atours!"

En parlant de Houbaba et de Sellama qui était aussi une chanteuse consommée, Yézid disait: "Je n'ai eu de véritable plaisir, comme Calife, que lorsque j'ai pu acquérir Houbaba et Sellama!" Et quand il les eut achetées, il s'écria: "Maintenant je puis dire comme le poëte:

'Il a jeté le bâton du voyage et s'est fixé désormais joyeux, comme le voyageur au moment du retour!'"

Pendant toute sa vie Yézid aima à l'adoration sa chanteuse, bien-aimée, et voici comment Houbaba conquit cette faveur: Un jour que le Calife se dirigeait, sans bruit, vers l'appartement où elle était, il l'entendit chanter ce vers:

"O Yézid! mon amour pour toi est tel que, le jour où nous nous sommes rencontrés, j'ai failli mourir de bonheur!" (1)

Le Calife souleva doucement la portière et aperçut la chanteuse couchée sur des tapis, le visage tourné vers le mur opposé. Voyant qu'elle ne l'attendait pas et que ce n'était point un jeu préparé, Yézid, dès ce moment, conçut pour la charmante chanteuse une passion qui ne fit que s'accroître, et Houbaba, profitant de cet amour, gouverna le Calife à sa volonté. C'est à son influence que Amr, fils d'Hobéira, dut la grande faveur dont il jouit auprès de Yézid, qui le nomma gouverneur de l'Irac. A ce propos El-Kaka, fils de Khaled, disait: "Qui pourrait lutter contre le fils d'Hobéira? Il a pour lui, le jour, ses largesses, et, la nuit, Houbaba!"

Cependant, les Oméïades, entre autres, Maslema, voyant avec peine le Calife livré aux plaisirs, adonné au vin et ne s'occupant que de son esclave, sans songer aux affaires de l'état, lui firent des remontrances énergiques, lui rappelant l'exemple de son prédécesseur, Omar, fils d'Abd-El-Aziz. — Yézid, touché de ces reproches, résolut de rompre avec le vin et la musique, et s'abstint, en effet, pendant quelques jours, d'aller voir Houbaba. Alors elle chargea le poëte El-Ahoues de composer quelques vers, lui promettant mille pièces d'or, si, grâce à ses vers, le Calife lui revenait. Le jour suivant, vendredi, jour

(1) Le vers du poëte porte un autre nom, mais Houbaba y avait substitué celui de Yézid.

férié chez les Arabes, elle dit à l'une de ses femmes: "Quand le Calife ira faire la prière, avertis-moi." A l'heure dite, l'esclave vint la prévenir. Alors Houbaba, prenant son Luth, courut sur le passage du Calife, et dès qu'il s'approcha, elle se mit à chanter les vers d'El-Ahoues. Au premier vers, Yézid, baissant les yeux pour ne point voir sa maîtresse, lui dit: "Finis, Houbaba, laisse-moi!" — Mais elle continuant arriva à ce vers:

"*La vie n'est pas la vie sans les plaisirs et l'amour,*
Narguons les sermons des censeurs haineux et radoteurs!"

Alors le Calife n'y tenant plus, courut à elle en s'écriant: "Pardieu! tu dis vrai! et que le ciel maudisse Maslema!" Souvent Houbaba et Sellama se réunissaient pour chanter et le Calife éprouvait en les entendant de vrais accès de folie: Il se levait, tournait sur lui-même, déchirait ses vêtements et disait: "Voulez-vous que je m'envole?" — "Et à qui laisses-tu l'empire?" lui disait Houbaba. — "A toi! à toi!" répondait le Calife. — "As-tu jamais vu un homme que la musique ait pu agiter et troubler comme moi?" demanda un jour le Calife à Houbaba? — "Oui, dit-elle, mon premier maître était encore plus transporté lorsqu'il m'entendait." Le Calife vexé fit rechercher cet homme, et cet homme parut. Alors Houbaba se montra et chanta une de ses chansons favorites. Le prisonnier, garotté, en l'entendant, se mit à bondir dans ses liens et vint enfin tomber sur les flambeaux qui brûlaient tout-autour. Alors Yézid, riant comme un fou, fit délier le malheureux et lui donna mille pièces d'or; Houbaba lui fit aussi un cadeau et le renvoya à Médine. — Laissant de côté quelques détails secondaires sur la vie de Houbaba, je vais finir ces notices par le trait suivant qui peint, sous les plus vives couleurs, toute la force de l'influence exercée autrefois sur les Califes par les femmes artistes. — Yézid dit un jour à Houbaba: "On prétend qu'il n'est pour l'homme un seul jour d'une félicité parfaite, et qu'il se mêle toujours à notre bonheur quelque chose qui le trouble. Eh bien! demain je veux essayer d'être heureux, toute la journée, avec toi, chère Houbaba, et j'ai défendu qu'on vienne m'interrompre pour quelqu'affaire que ce soit." — Le lendemain, en effet, le Calife s'enferma seul avec sa favorite. Pendant le repas, Houbaba mordant dans une belle grenade, un grain s'arrêta dans son gosier et l'étouffa. Yézid faillit en devenir fou de douleur. Pendant trois jours, il tint entre ses bras le cadavre de sa maîtresse, le couvrant de baisers et le réchauffant de son haleine. Le corps était déjà en décomposition et pourtant on ne pouvait en arracher le Calife. Enfin, à force d'instances, il consentit aux funérailles et le corps fut enveloppé dans un tapis de peau pour le déposer dans la tombe. Le Calife l'accompagna en silence jusqu'à sa dernière demeure, et, quand tout fut fini, il s'assit sur la tombe, et, rompant le pénible silence, il dit: "Je puis maintenant dire comme Kotscir: 'S'il est une consolation pour mon cœur, s'il cherche l'oubli de son amour, il trouve sa consolation dans le désespoir, mais non dans l'insensibilité, et l'ami qui vient me visiter peut dire aujourd'hui: Voilà un homme sur la tombe duquel le hibou poussera son cri, aujourd'hui ou demain!'" Quelques jours après les funérailles, Yézid voulut revoir encore une fois celle qu'il avait tant aimé. Par ses ordres, on ouvrit le tombeau, et il put contempler une dernière fois ce visage horriblement décomposé. "Songe à Dieu, lui dirent les siens, vois ce qu'est devenue ton amante!" — "Ah! dit-il, jamais elle ne m'a semblé plus belle!" Et ce n'est pas sans peine que Maslema et quelques autres chefs de la famille Omeïde l'arrachèrent enfin à ce spectacle. Depuis ce jour, une maladie de langueur consuma le Calife. Il appela auprès de lui une jeune esclave, favorite de Houbaba, qui lui parlait toujours de la défunte. Un jour qu'il errait avec elle dans le palais, il entra dans une pièce des appartements de Houbaba. "C'est ici, dit le Calife, que j'étais avec elle." La jeune fille lui rappela alors ce vers du poëte:

"Pour raviver la douleur de l'amant éperdu,
il suffit de voir les lieux qu'habitait son amante désormais devenus déserts et abandonnés.

Le Calife fondit en larmes et pensa mourir de douleur, ce jour-là. On prétend qu'il mourut quinze jours après Houbaba, d'autres disent quarante. Il fut enterré à côté d'elle.

INSTRUMENTS MUSICAUX ARABES.[1]

Les deux traditions arabes sur l'origine du Luth me paraissent assez intéressantes pour trouver ici leur place:

Le Calife Mot-Amed, demandant un jour à un érudit de sa cour si l'on savait au juste l'époque de l'invention du Luth, le savant lui répondit: "Commandeur des croyants, il y a plusieurs opinions là-dessus: Une légende fait remonter l'invention de cet instrument aux premiers temps de la création. D'après elle, Lamek, petit-fils d'Enokh, avait un fils qu'il aimait tendrement. Ce fils chéri mourut, et le père inconsolable, voulant garder sous ses yeux les restes d'un être si cher, les suspendit à un arbre. La décomposition ayant rongé les chairs du cadavre, il ne resta plus que les cuisses, les jambes et les pieds garnis de leurs doigts. Lamek prit alors des morceaux de bois qu'il façonna et assembla, tâchant d'imiter ce qui restait du cadavre de son fils. C'est ainsi qu'il obtint le Luth: la caisse de l'instrument figurait la cuisse, le manche imitait la jambe, son extrémité formait le pied, et les clefs en rappelaient les doigts. Cela fait, il ajouta les cordes, qui figuraient les tendons.

"Quand l'oeuvre fut finie, il toucha les cordes, et elles rendirent un son: le Luth était inventé. A ce sujet, un poëte a dit: 'Le Luth exprime la pensée dans une langue qui n'a pas de pronoms, on dirait une cuisse suspendue à un pied. Il dévoile, en son langage, les sentiments les plus cachés, d'une manière aussi belle que les lignes tracées par le Calam (plume de roseau).'"

D'autres attribuent à Satan l'invention du Luth. Lorsque Satan, disent-ils, fut chassé du paradis, les mélodies du céleste séjour bourdonnaient encore à son oreille: vainement les cherchait-il dans le monde, rien ne pouvait les reproduire. Un jour, passant près des

---

[1] En décrivant les treize instruments dont je dois le dessin au peintre et homme de lettres, Monsieur Charles Desprèz, gracieux auteur des tableaux pittoresques des environs d'Alger, je suis la description de Villoteau, autant que les instruments trouvés chez les Arabes s'accordent avec ceux qu'il a vus en Égypte.

restes d'un cadavre humain, (c'était une jambe desséchée, dont il ne restait que l'os et les tendons) et le vent agitant ces restes de manière qu'ils produisaient un son mélodieux, Satan stupéfait s'arrêta, et, sur ce, il conçut l'idée du Luth.

1. Rebâb.
(du verbe arabe **résonner***).*

Le Rebâb est l'instrument le plus estimé chez les Arabes; il est exclusivement destiné à accompagner le chant. Monté de deux cordes de basse, il est en bois. et sa table est en parchemin. L'archet, en forme d'arc, est en fer. A ses extrémités est attachée la mèche de crin.

2. Kemângeh.

Le Kemângeh des Arabes de l'Algérie ne diffère en rien du violon européen. Monté comme l'Alto, il n'a presque rien de commun avec le Kemângeh connu en Égypte et décrit par Villoteau. Les Arabes tiennent le Kemângeh comme on tient le violoncelle.

3. Qânon.

Le Qânon, dérivé apparemment du Qânon monochorde, qui ne servait autrefois qu'à mesurer les longueurs des cordes, à déterminer les rapports harmoniques des sons et à en fixer le choix, est aujourd'hui polychorde; il contient soixante-quinze cordes, qui sont en boyaux et sont accordées à l'unisson, trois à trois. Pour les faire sonner, le musicien introduit une petite lame d'écaille très mince entre l'anneau et l'index, et pince les cordes avec ce bout qui ne dépasse pas trop le bout du doigt. La forme du Qânon et la manière dont s'en servent les musiciens arabes est parfaitement la même que celle de l'instrument nommé *Cymbale*, dont se servent, en Russie, les musiciens ambulants juifs.

4. Kuitra.

La Kuitra, sorte de guitarre, est en bois. Elle est montée de huit cordes en boyaux de mouton, accordées deux à deux. Les Arabes jouent la Kuitra en pinçant les cordes avec un petit bout d'une plume pliée en deux.

5. Gunibry.

Le Gunibry, apporté du Maroc en Algérie, est fort aimé des Arabes. Est-ce parceque cet instrument est plus facile à jouer que les autres, ou bien à cause de son bas prix? le Gunibry est joué de presque tous les Arabes. Cet instrument en bois, dont la table est en peau de mouton, et dont la sébile se trouve souvent formée d'une écaille de tortue, est monté de deux cordes en boyaux de mouton. Le Gunibry, de même que la Knitra, est joué avec la plume pliée en deux.

6. Djouwak.

Le Djouwak ou Chebeb est une flûte arabe faite en roseaux.

7. Gsbah.

Le Gsbah est une grande flûte faite en roseaux.

8. Derbouka.

Le Derbouka a la forme d'une cruche dont le fond est en peau de mouton; il est en terre cuite. Cet instrument est très estimé par les musiciens arabes, qui s'en servent en le tenant sous l'avant-bras gauche et en frappant alternativement de la main droite sur le centre de la table et des doigts de la main gauche près de la circonférence.

9. Bendeyr.

Le Bendeyr, qui appartient aux instruments bruyants, est un grand cercle de bois, percé dans sa largeur de plusieurs trous dans lesquels sont suspendues, de deux en deux, des lames rondes en tôle. Dans l'intérieur de cet instrument sont tendues cinq grosses cordes de boyaux qui servent à augmenter la vibration du son, qu'on produit en frappant la peau de chèvre qui est tendue sur l'éclisse. Le Bendeyr ne s'emploie que dans les Nouba de guerre et dans les processions religieuses, accompagné du *Tobilets*, de la *Ghaïta* (grand basson qui donne un ton très aigu), et du *Dznoutsch*. C'est l'instrument particulièrement aimé des Mosabites et des Biserys.

10. Tar.

Le Tar diffère du Bendeyr en ce qu'il est beaucoup plus petit et n'a pas de cordes tendues dans l'intérieur. Préféré par les femmes arabes et maures, il est par excellence l'instrument des noces. Tendu de peau de chèvre, il a sur ses bords de petites plaques de cuivre très minces qui, juxta-posées les unes aux autres, rendent des sons qui rappellent le grelot.

11. Deff.

Le Doff est une espèce de tambour basque. Cet instrument, en forme de coussin, est un cadre en bois, sur lequel, des deux côtés, est tendue la peau de mouton. Quatre cordes en boyaux, tendues dans son intérieur, servent à produire la vibration du son.

12. Tobilets.

Sur le cercle du Tobilets, qui est en métal de cloche revêtu de maroquin rouge, est tendue la peau de chameau qui, vieille dans le rond droit appelé *Ahbeb*, donne un ton clair, mais voilé, dans le rond gauche appelé *Chêh*, qui est tendu de peau fraîche.

13. Dznoutsch.

Les trois petites assiettes qui sont en métal de cloche, sont les castagnettes arabes.

MUSIQUE ANCIENNE.

Les sept *Nouba*, que je publie, passant de bouche en bouche, ne pouvaient nous arriver dans leur état primitif, et, par conséquent, elles ne peuvent être que le faible reflet de celles qui servaient autrefois de modèles. Aussi en reproduisant cet écho expirant d'un passé magnifique je m'empresse de dire humblement aux amis de la musique: »Je vous offre ce que m'ont donné les descendants de ce grand peuple de l'Orient, où la cause qui nous lie était chérie et vénérée. Recevez ces chers souvenirs de l'antiquité, et, en les acceptant, rappelez-vous les tortures et les mutilations qu'ont subis ces malheureux débris, en traversant la longue série de siècles qui les sépare de notre âge!«

Nouba Medjenneba.

MOSADDER.

TEXTE.

Ami de mon cœur! lève-toi! Viens écouter le chant du rossignol dans le jardin paré de mille fleurs — Parmi elles brille le violier et le lys — Les roses Althées y forment leurs grappes — L'églantier y buissonne et sa fleur se détache au dessus du feuillage. Tandis que l'aurore raie le ciel de lueurs pourprées.

Trad. *A. Gorguos.*

MOSADDER HARMONISÉ.

II

BETAIHH.

TEXTE.

Son visage s'est montré. Il est le soleil qui resplendit dans le ciel de sa beauté. — Maintenant il m'est doux de boire la liqueur enivrante. — Et voici le printemps qui brille de tout son éclat.

La saison du printemps est venue — Lève-toi! range les vases et les coupes. Verse à pleins bords le vin frappé — Il met le comble à mes transportes. Verse, jusqu'à ce que nous vacillions. Tout ici bas est périssable! Amis! dites joie et bonheur! Vois le jardin fleuri! Admire! il est paré d'un vêtement soyeux et raffraichi par l'onde pure au bord de laquelle gazouille l'oiseau.   Trad. *A. Gorguos.*

BETAIHH HARMONISÉ.

III

DERDJ.

TEXTE.

Je meurs d'amour et de désirs et mon cœur est captif. Ah! qui délivrera cet esclave et voudra mériter une reconnaissance éternelle! Prends pitié d'un cœur en peine, ô toi, qui es douée de grâce et de beauté. — O ma Gazelle sois humaine pour celui qui languit! — Aie pitié de l'esclave qui s'humilie! —

Par tes joues vermeilles! par ces grains charmants de beauté! Par les roses de ton teint, par ces seins délicieux!! Je ne suis que ton esclave, esclave avoué et soumis. — N'est-il pas juste que tu consoles ma peine! O Rameau flexible! ô Gazelle! sois humaine pour celui qui languit. Prends pitié de l'esclave qui s'humilie.

Trad. *A. Gorguos.*

DERDJ HARMONISÉ.

IV

INSIRAF.

TEXTE.

Nargue les frondeurs! remplis de vin la coupe — Verse à ton bien-aimé — Et enivre-toi en dépit des jaloux. — Remplis nos coupes de vin vieux, liqueur précieuse qui depuis longtemps a gardé sa virginité — fais boire à long trait ton compagnon bien-aimé. Nargue les frondeurs — tes vœux sont accomplis — Bois, jouis, enivre-toi, en dépit des jaloux! Bois ce vin du Selsebil. Son mélange est le Nectar du Zendjebil. Qui s'en abreuve est guéri de ses peines. Il dissipe la langueur de celui que possède l'amour. Quelle liqueur merveilleuse! Enivre-t-en, en dépit des jaloux.   Trad. *A. Gorguos.*

INSIRAF HARMONISE.

V

KHELAS.

TEXTE.

Dis-moi, quand reviendront nos beaux jours, les jours où nous serons de nouveau réunis — Où nous pourrons jouir encore du bonheur passé — et entendre résonner les cordes harmonieuses. — Le Tambourin, le Luth, le Rébâb, le Chebâb et la Guitare charmeront nos oreilles, et le vin nous tiendra compagnie.

Trad. *A. Gorguos.*

KHELAS HARMONISÉ.

VI.

Nouba Hoseïn.

MOSADDER.

TEXTE.

Joie et bonheur! Celui que j'aime, jusqu'ici trop farouche, est enfin venu me visiter. Il s'est laissé fléchir, mon bien-aimé, l'idéal des adolescents. — Le bonheur qui me sert m'accorde la jouissance d'un ami et des plaisirs de la vie. — J'étais dans l'isolement, aujourd'hui je suis réunie à celui que j'aime — j'avais des désirs, ils sont comblés en dépit des jaloux. — Le feu de l'envie les dévore de plus en plus. Qu'ils s'abreuvent à la coupe d'amertume! Ils s'est laissé fléchir, celui que j'aime, l'idéal des adolescents.

Trad. A. Gorguos.

VII

MOSADDER HARMONISÉ.

BETAIHH.

TEXTE.

O vous qui aimez! Ma bien-aimée s'est éloignée et mon amour redouble. — Un jaloux l'a excitée à ma porte. Puisse-t-il éprouver le mal qu'il m'a causé! Je n'ai plus d'espoir qu'en l'envoi d'un intelligent et adroit messager à celle dont le visage est si charmant, à la Reine des Gazelles. Je lui dirai: Je succombe à ma peine, ô rameau flexible du Cassis.

Trad. *A. Gorguos.*

VIII

BETAIHH HARMONISÉ.

DERDJ.

TEXTE.

O toi, belle comme la pleine lune quand elle brille dans le ciel, tu as allumé dans mon sein un feu dévorant. — Tu m'as présenté la coupe où j'ai bu la soif, et tu me refuses tes joues pour m'y désaltérer. Tu as livré au tourment de l'amour mon cœur, noyé dans l'océan de sa passion et captif dans tes liens. — Prends pitié de mon humble plainte. — O Gazelle! tiens une de tes promesses. Jour et nuit je soupire après toi, tu es la nue après laquelle je cours pour me rafraichir.

Trad. *A. Gorguos.*

DERDJ HARMONISÉ.

IX

INSIRAF.

TEXTE.

O nuits écoulées, nuits, où ma bien-aimée se montra favorable et m'enivra de joie et de bonheur, que Dieu vous ramène bientôt! — O nuits, je ne vous reproche que d'être fugitives. Vous êtes comme le rêve charmant qui vient la nuit et sitôt disparait. — Pendant votre durée nous nous sommes abreuvés d'une liqueur suave, d'une incomparable fraicheur. Que Dieu vous ramène et avec vous cet incessable bonheur. — Si ces voeux s'accomplissent; plus de souci du sort et des jaloux!   Trad. A. *Gorguos.*

INSIRAF HARMONISÉ.

KHELAS.

X

TEXTE.

Le tour de la faveur est venu. — Celle qui me fuyait s'humanise et renonce à l'éloignement. — Elle est venue me visiter cette lune de beauté qui me refusait sa lumière. — O censeurs, ne me blâmez point! J'accepte de plein gré tout ce qu'elle décide. — Je l'aime et elle ignore à quel point. — Au point que mon visage a pris la couleur de la Jonquille. — Celui que l'amour tourmente ne passe-t-il point ses nuits blanches? — Oui, quand s'éloignent ceux que j'aime, je ne trouve en aucun lieu le calme et le repos.

Trad. *A. Gorguos.*

KHELAS HARMONISÉ.

XI

Nouba Raml.

MOSADDER.

TEXTE.

C'est le soir! Le soleil jaunissant incline ses feux vers le couchant. — Les ruisseaux roulent leurs ondes dans la campagne verdoyante. — Les oiseaux gazouillent. Les fleurs embaument l'air. — Aujourd'hui, fais accueil à mes voeux, et mérite ma reconnaissance. — Hâte-toi! prends la coupe du vin généreux, vidons-la pendant cette belle soirée.

O soleil, pourquoi nous quittes-tu! Abrège ton absence. Si j'ai part à ton affection, ô ma bien-aimée, je dissiperai tes soucis. J'implore celui qui écoute toute plainte, et puisse-t-il n'avoir pour toi que des pardons! Aujourd'hui fais accueil à mes voeux, hâte-toi, prends la coupe et vidons-la pendant cette belle soirée.

Trad. A. Gorguos.

XII

MOSADDER HARMONISÉ.

BETAIHH.

TEXTE.

Toi dont la taille est élancée et flexible! tu fais le tourment de mon cœur par ces joues vermeilles et rayonnantes. O toi qui resplendis comme l'étoile du Mochtari (Jupiter)! ta bouche souriante est une cornaline où sont enchassées des perles. O toi qui est comme une bannière déployée au jour du combat. Mes yeux qui t'ont vue ont causé mon tourment. Tes regards sont pleins de fierté et d'éclat, objet de mes désirs, pour toi je dépéris.

Trad. A. *Gorguos*.

XIII

BETAIHH HARMONISÉ.

DERDJ.

TEXTE.

Toi, qui dans ton ignorance invoques l'amour, écoute, je vais te le faire connaître. — Au début il apporte la langueur, et à la fin le trépas. Songe à Medjenoun, l'amant de Leïla. Il consuma ses jours dans un espoir toujours déçu. — La mer de l'amour est une mer sans rivages. L'amant qui s'y plonge est toujours submergé. — Interroge la sagesse des proverbes. Elle te dit: On ne recueille le miel qu'avec le feu.

Trad. *A. Gorguos.*

DERDJ HARMONISÉ.

XIV

INSIRAF.

TEXTE.

Toi, qui as l'oeil du jeune faon, toi, qui as le regard de la Gazelle. Pourquoi cette fièrté? Pourquoi cette coquetterie? — Chose bien dure est la rupture! — Qui la supporte patiémment, honte à pareille conduite! Qui aime n'agit pas ainsi. Ah! si j'avais un messager habile, intelligent, pour dépêcher à celle que j'aime! Mais aujourd'hui on ne trouve plus ni pareils messagers, hélas! ni personne qui sache guérir le mal de l'amant qui se plaint.
Trad. *A. Gorguos.*

INSIRAF HARMONISÉ.

KHELAS.

XV

TEXTE.

O vous, qui m'interrogez! Sachez que la résignation m'abandonne. — Car mes peines d'amour sont toujours aussi vives. — L'objet de mon amour exerce contre moi sa vengeance. Je suis innocent de toute faute et pourtant il me chasse de sa pensée. — O mon Dieu, rends-moi cette lumière de mes yeux, pour le dépit des jaloux et des censeurs.

Trad. *A. Gorguos.*

KHELAS HARMONISÉ.

XVI

Nouba Ghrib.

MOSADDER.

TEXTE.

Ce qui pour moi a le plus de charmes, c'est le vin, vieux et vermeil comme la fleur du grenadier. — Sa liqueur limpide et rayonnante pénétre dans mon sein, plus douce que le miel. — La coupe qui la contient, puisse-t-elle ne point quitter ma main un seul instant du jour. Echanson verse dans les coupes le mélange enivrant. Buvons jusqu'à ce que nous vacillions! Dans l'obscurité de la nuit les joues de l'objet aimé te serviront de flambeau.

Trad. *A. Gorguos.*

MOSADDER HARMONISÉ.

XVII

TEXTE.

Une gazelle a captivé mes yeux. — Elle à dirigé contre moi ses regards perçants comme un glaive. — Les larmes coulent sur la blessure. Et mon cœur ne peut se consoler. Sa main me présente une coupe de vin qui se couvre de bulles semblables à des perles. — La brise agitait doucement le rameau. — Et le soir s'avançait après l'heure de l'Asr. — Mais combien souffre le cœur de l'amant dédaigné. — Il

XVIII

s'endurcit par l'abandon de ceux qui l'avaient attendri. — Celle que j'aime a l'éclat de la pleine lune. Des grains de beauté relèvent le charme de ses joues. — Jamais on ne verra mon cœur vide de son amour. — Si à ses rigueurs succédait un peu de tendresse, je lui livrerais ma fortune et ma vie.

Trad. A. Gorguos.

BETAIHH HARMONISÉ.

DERDJ.

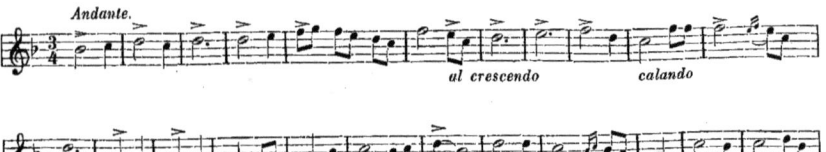

Mathla.

TEXTE.

Une biche s'est dérobée sous son voile aux regards qui la cherchaient. — Plut à Dieu qu'elle choisît mon cœur pour sa prairie. — Quand elle marche, elle trébuche dans sa longue chevelure. — Elle a laissé mes yeux en pleurs et mon cœur saignant. — Elle a voulu ma mort lorsqu'elle a dirigé sur moi ses regards, glaives perçants. — Elle a allumé l'incendie dans mon sein. Ah, ils reviendront les jours qui renoueront nos liens !

Trad. A. Gorguos.

XIX

DERDJ HARMONISÉ.

INSIRAF.

XX

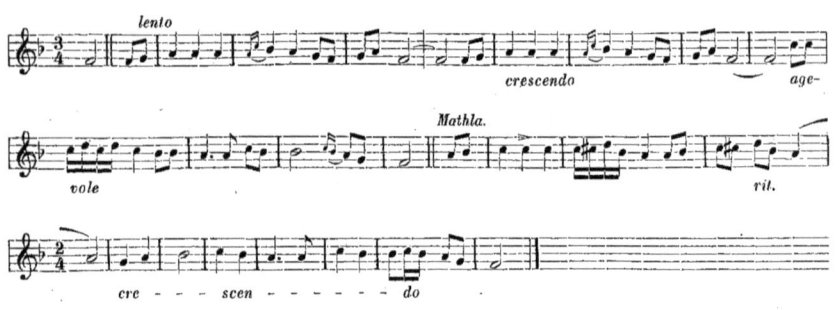

TEXTE.

O toi, qui me fuis! Si tu venais me visiter, ne fut ce qu'en rêve pendant mon sommeil, tu me rendrais la vie, tu guérirais le mal que j'endure. — Ah! prends pitié de moi! Je suis submergé dans la mer de ma passion. Et je ne puis me sauver du gouffre de l'amour. — Belle est ma mort, c'est la mort d'un martyre!

Trad. *A. Gorguos.*

INSIRAF HARMONISÉ.

---

*) Il y a une ressemblance frappante entre la mélodie de l'Insiraf Ghrib, avec celle de l'une des plus vieilles chansons Russes, connue par le peuple, sous le nom de „*Podbludnaia pesnia*", chanson des jeux de Noël. Il serait difficile d'expliquer cette ressemblance si ce n'est en supposant que cette mélodie eût passé en Russie en venant des Tatares lors de leur invasion. Cette hypothèse est admissible, vu le rapport qui existe entre la musique des Tatares et celle des Arabes. Voici la mélodie:

Podbludnaia pesnia.

XXI

KHELAS.

TEXTE.

Le vin a pour moi des attraits toujours nouveaux; je ne me lasse point de vider les flacons. Si quelqu'un blâme ma passion, je lui dis: Laisse chacun aimer à sa guise.

Trad. *A. Gorguos.*

XXII

KHELAS HARMONISÉ.

XXIII

Nouba. Zeidan.

MOSADDER.

TEXTE.

Ils ont prononcé la sentence, et leur jugement est injuste. Ils ont violé l'équité, mais bientôt, leur sentence sera comme si elle n'était point. — S'ils eussent été équitables, on l'eut été à leur égard; mais parce qu'ils furent violents, le sort, violent à son tour, a répondu par les épreuves qu'il leur inflige. — Aujourd'hui ces épreuves leur crient: Le présent paie pour le passé — et n'accusez point la fortune.

Trad. *A. Gorguos.*

MOSADDER HARMONISÉ.

[*]

XXV

TEXTE.

Mon aimée brille entre les plus belles. — Quand elle se montre, elle captive et trouble la raison. — Ses joues sont des fleurs vermeilles. — Sa bouche est un collier de perles rangées avec symétrie. — Le bambou est jaloux de sa taille, et la pleine lune lui envire son éclat. — Elle n'a ni pareille, ni rivale. — Elle possède toute grâce. — Puisse Dieu la garder! Mon cœur est devenu son otage — pour voler auprès d'elle il a quitté mon sein. — La vue est troublée par le trait que son œil a lancé. — Qui la voit, aussitôt est épris. — Ange des cieux, sous les dehors d'une mortelle — parmi les Belles nulle ne s'aurait atteindre à sa perfection. — En elle resplendit la beauté, comment l'aimer et garder sa raison! Les constellations brillantes empruntent leurs rayons à son visage, et les étoiles du firmament brillent de ses clartés.

Trad. *A. Gorguos.*

BETAIHH HARMONISÉ.

XXVI

DERDJ.

TEXTE.

Vous tous, soyez témoins! Je succombe à ma peine — ma raison éperdue s'est envolée. — Je languis consumé d'amour pour une jeune vierge. O mes amis, à quel moyen me faut-il recourir? — Hélas! que peut faire celui que tes regards ont blessé! — Infortuné, sa blessure est éternelle. — Je suis malade d'amour pour toi. C'est là le sort de celui qui aime une gazelle. — Dieu m'est témoin, que tu es tout pour moi! Vainement je voudrais résister à tes charmes. — J'aime et je succombe au tourment qui me tue. Et ma raison éperdue s'est envolée. Je languis consumé d'amour pour une jeune vierge. O mes amis, à quel moyen me faut-il recourir?

Trad. *A. Gorguos.*

DERDJ HARMONISÉ.

XXVII

INSIRAF.

TEXTE.

Je t'en prie, ô ma lune! par ton éclatante beauté! par tes joues vermeilles! par cette bouche qu'entr'ouvre le sourire! ne prends point plaisir à fuir celui qui t'aime. Sois moins cruelle pour ton amant éperdu. Où vois-tu un amour comme le mien? La gazelle que j'aime est la reine des Belles, un trésor hors de prix.

Trad. A. Gorguos.

INSIRAF HARMONISÉ.

XXVIII

KHELAS.

TEXTE.

Les transports de mon sein allument les feux de mon cœur. Voyez! mes larmes ont creusé des sillons sur mes joues. — Merci, ô nuit! nuit qui nous as réunis. — Je t'en conjure, ô nuit! prolonge ta durée, et puis reviens et reviens encore. — Malheur à toi, ô matin! qui viens nous séparer. Ah! va-t-en, ô matin! et garde-toi de revenir.

Trad. *A. Gorguos.*

KHELAS HARMONISÉ.

XXIX

Nouba Sika.

MOSADDER.

XXX

TEXTE.

O reine des gazelles, toi, qui habites mon cœur. — Par ta grâce séduisante, par ta joue vermeille! Pitié! Combien ne suis-je pas amoureux, éperdu? Ma résignation m'abandonne. — Et ma passion s'accroît et les feux de mon sein redoublent d'ardeur. — Et je ne puis désavouer l'amour qui est en moi.

Trad. *A. Gorguos.*

XXXI

TEXTE.

L'amour ajoute à mes tourmens. Et je ne puis cacher le secret de ma passion. — Lorsque je possédais mon cœur, je le tenais éloigné des sentiers de l'amour. — Maintenant je l'ai livré, moi-même, à celle qui l'accable par ses dédains et sa fierté. — Au point que ma résignation est épuisée. — Éperdu, regrettant mes liens, je suis comme l'oiseau imprudent qui s'est échappé des lacs et y revient encore.

Trad. *A. Gorguos.*

BETAIHH HARMONISÉ.

XXXII

DERDJ.

TEXTE.

Celle que j'adore, avec qui je vidais la coupe enivrante n'est plus la même pour moi. Que Dieu me venge de ceux qui la troublent, qui lui enseignent d'être fière et farouche. — Toutes les fois que je la rencontrais, j'agissais en amant soumis, je baisais ses mains avec humilité. — Ma vie était à elle. — Le maudit, le démon l'a tentée et trompée. — Dans sa cruauté elle me prive de sa présence et je m'écrie: Hélas! Ah! que ne puis-je toujours la contempler, admirer la grâce et la beauté dont Dieu l'a parée! — Que Dieu me venge de ceux qui la troublent et lui enseignent d'être fière et farouche.

Trad. *A. Gorguos.*

DERDJ HARMONISÉ.

XXXIII

INSIRAF.

TEXTE.

Ami, fais circuler la coupe pleine de la liqueur vermeille qui recèle un feu généreux. — La nuit passée, ma lune est venue me visiter, félicite-moi! La nuit passée, ma gazelle est venue, cette reine des belles. — Mon cœur a savouré le bonheur de sa présence, après le tourment de l'éloignement. — J'ai goûté le miel sur ses lèvres, j'ai recueilli ce doux rayon. — A toi mon corps, à toi mon âme! A toi mes actes et mes pensées! — tout entier mon être est à toi! — Et toi, ma souveraine! à qui appartiens-tu? — Je suis ton esclave, tu m'as acheté bon marché! Je ne t'ai rien coûté.

Trad. A. *Gorguos.*

XXXV

TEXTE.

Qui me dira pourquoi celle que j'aime, me traite en ennemi! Pourquoi ses dures paroles, lorsqu'elle me rencontre? — Que Dieu me venge de celui qui l'a aigrie contre moi! — Elle est partie et m'a abandonné. — Un jaloux m'a trahi auprès d'elle. — Autrefois elle avait de l'affection pour moi. — Que Dieu m'accorde la résignation!
Trad. *A. Gorguos.*

KHELAS HARMONISÉ.

XXXVI

Nouba Maïa.

MOSADDER.

TEXTE.

Mon corps languit et dépérit chaque jour davantage. J'endure avec résignation. — Celui qui aime doit s'attendre à souffrir — mais la souffrance cesse quand vient le rapprochement. — Ma passion est une épreuve cruelle que Dieu m'inflige; l'amour reste dans mon cœur sans vouloir le quitter. — Puisse celui qui ne me plaint pas être éprouvé comme moi et goûter des mêmes maux. — O ma bien-aimée, c'est un baiser que je désire en dépit des censeurs.

Trad. *A. Gorguos.*

MOSADDER HARMONISÉ.

XXXVII

TEXTE.

Éveille-toi, charmant objet de ma tendresse. — Chasse loin de toi la peine et les soucis. — Les oiseaux saluent le matin de leurs chansons. — Des sommets verdoyants l'hymne de leurs chants s'élance comme d'une chaire. — Hymne éloquent, par Dieu! qui remplit l'âme d'émotion et la ravit comme une musique harmonieuse. — Les ruisseaux épanchent leur onde, liqueur suave, douce comme l'onde des fleuves du Paradis; les côteaux revêtent leur riche parure de verdure et de fleurs.   Trad. *A. Gorguos.*

BETAIHH HARMONISÉ.

DERDJ.

TEXTE.

Ah! que la séparation est cruelle! O mon cœur! supporte avec résignation les décrets du destin. — Mais le feu des désirs, ô toi que j'aime! brûle dans mes entrailles. — Je me sens mourir, ô mon Dieu! Ma raison s'est déjà envolée. — Dans mon désespoir, je ne cesse de soupirer après le rapprochement. —

XXXVIII

Qui pourrait supporter patiemment une séparation que n'ont pas précédée les adieux. — Hélas! que l'éloignement est dur. — Quels cuisants regrets pour ceux qui se sont éloignés! — Le cœur en est brûlé. O mon âme! ils ont consenti à t'abandonner. — Je ne trouve point de remède pour mes blessures, puisqu'ils sont partis. — Et ma raison s'est troublée, tant est fort mon saisissement. — Qui pourrait supporter une séparation que n'ont point précédée les adieux.

Trad. A. *Gorguos.*

XXXIX

TEXTE.

Une biche séduisante a troublé mon cœur par son regard. Reine des belles, rien ne résiste à son empire. — Lève-toi, verse lui le vin frappé, offert par la main d'un échanson plein de grâces. — Ne le fais point languir. — Le temps a des vicissitudes. — Peut-être voudra-t-elle calmer le mal d'amour qui te consume, cette belle, rameau flexible, dans sa riche tunique. — Son œil est plein de langueur, mais il n'accorde aucune faveur. — Quant à moi, je ne suis visité par la joie que lorsqu'elle me visite en secret.

Trad. *A. Gorguos.*

INSIRAF HARMONISÉ.

KHELAS.

[*]

XXXX

TEXTE.

Vous tous qui m'entourez! sachez que l'amour habite mon sein. — Je me consume, tourmenté par la séparation, et, vous le voyez, je suis éperdu. — Je n'ai de joie que lorsque l'occasion me fait rencontrer l'astre et la lune de ma vie, lorsque je puis me réunir à celle qui est le charme des cœurs. — Le jour et la nuit sont alors pour moi pleins d'un bonheur toujours plus vif. Trad. *A. Gorguos.*

KHELAS HARMONISÉ.

XXXXI

Chansons modernes.

KADRÏA.

XXXXII

MEDEUMEDHA.

HAOUZI.

ZANDANI.

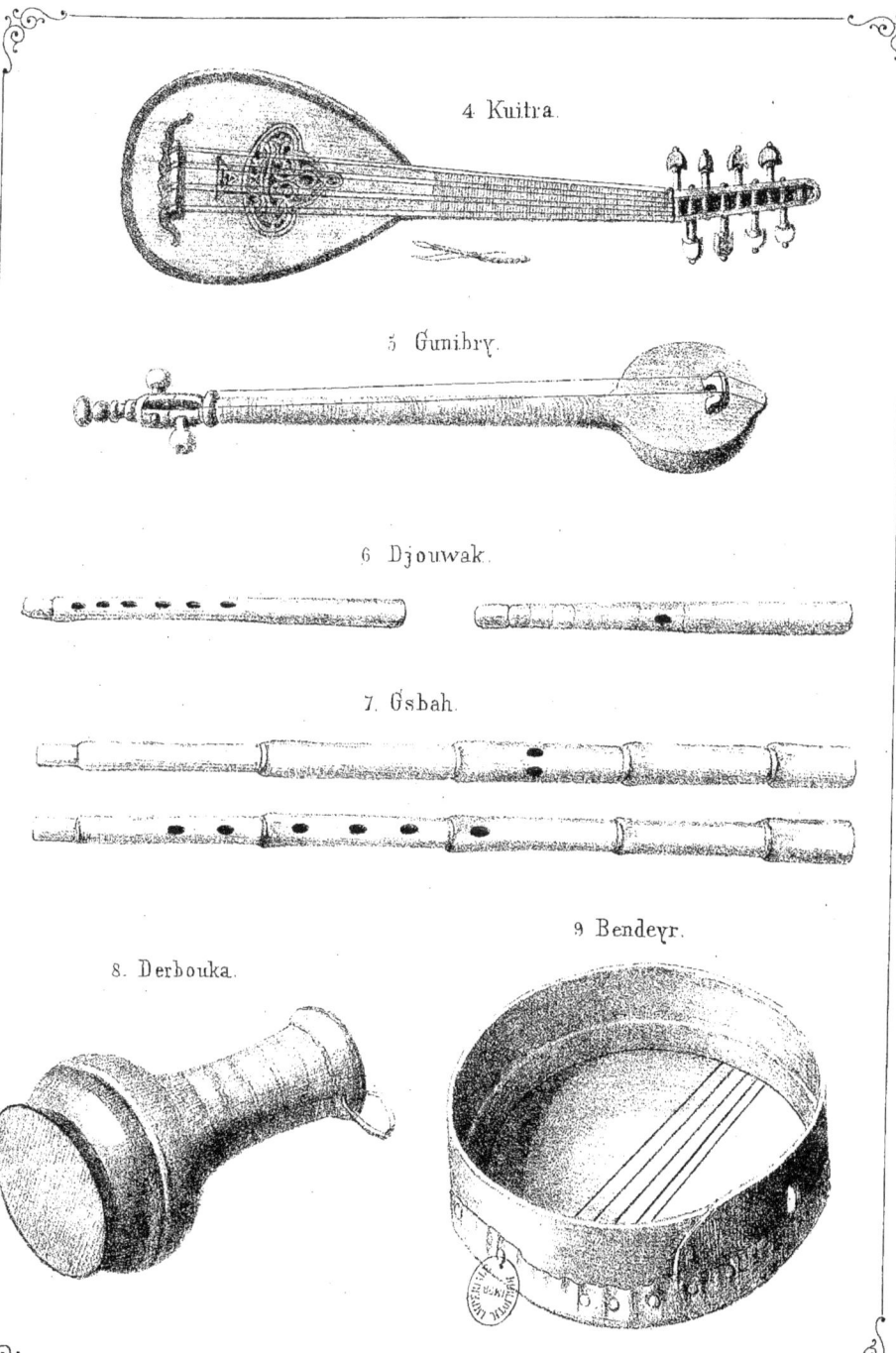

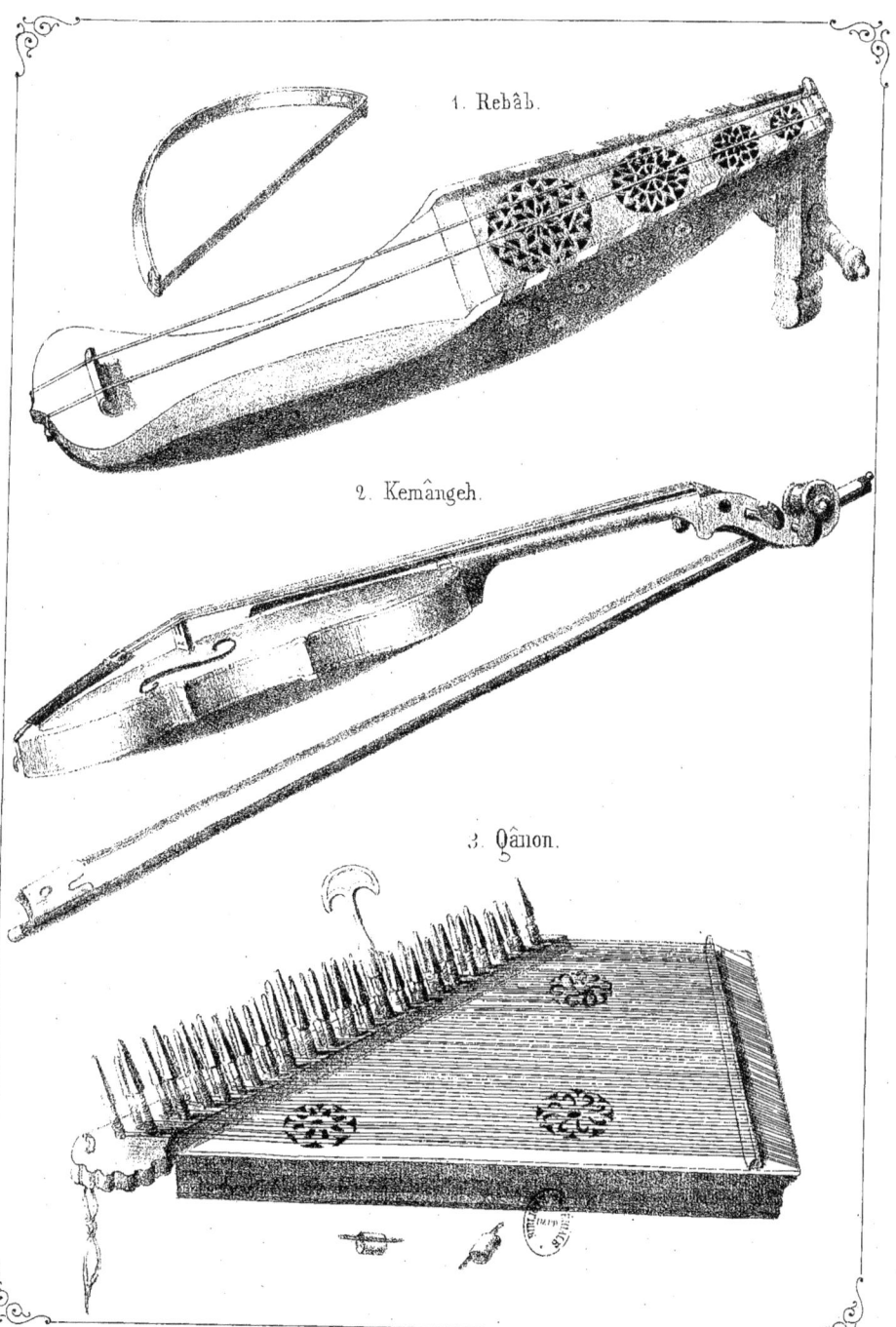

10. Tar.

11. Deff.

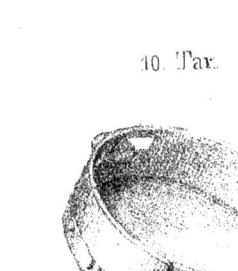

12. Tobilets.

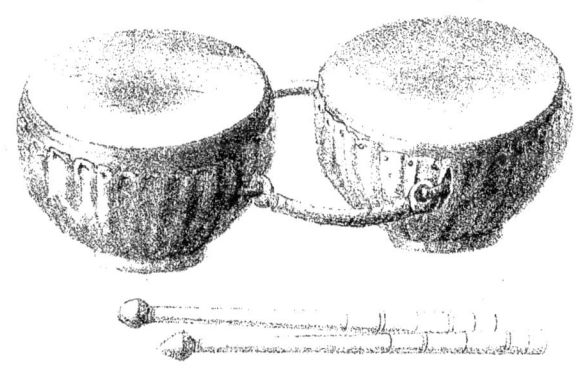

13. Dznoutsch.

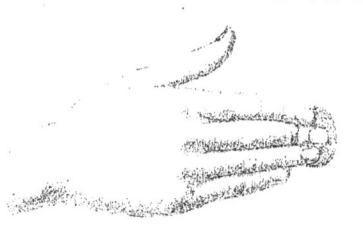

Lith Anst. v. J.C Baum in Cöln.

www.ingramcontent.com/pod-product-compliance
Lightning Source LLC
LaVergne TN
LVHW050650090426
835512LV00007B/1127